U0831206

The positive thinker sees the invisible, feels the intangible,
and achieves the impossible.

惟正向思考者，能察于未见，感于无形，达于人所不能。 —— 佚名

Consumer to Business

C2B
逆商业时代

一次搞懂新零售、新制造、新金融、新技术、新能源

卢希鹏 著　商业周刊 组编

目 录

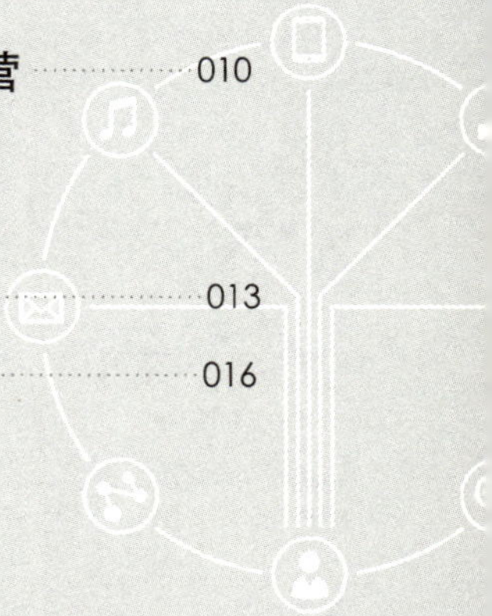

Today 今天 总论

Tomorrow 明天 新零售

Tomorrow 明天 新制造

创新案例

借鉴大牌

弹性生产

智能制造

制造生态系统

Tomorrow 明天 新金融

Day after Tomorrow 后天 新能源 新技术

第五章

实现新商业文明的新能源／新技术

简体版序

C2B模式与儒家思想

我第一次听到C2B（Consumer to Business）这个名词是在2010年，那是阿里巴巴集团第三次邀请我担任年度十大网商决选的评审。每年评选，马云都是一路跟着我们10位评委共同参与。马云当时的办公室很有趣，几乎被一张很大的长方形会议桌占满，桌上放了好几沓文件。马云说，他的工作就是开会，办公室只要有会议桌就行。每个人的位置都配了一张很大的沙发，比飞机头等舱的椅子还宽，材质也比较厚。他说他整天的工作就是开会，待在这里的时间很长，椅子一定要舒服。

评选会议主要就是在马云个人办公室旁的VVIP会议室举行。我就是在这间VVIP会议室里，听到他说C2B的概念和“双百万”计划的。C2B和“双百万”计划的缘起，主要是因为当时的“双十一”，许多网商在短短一天之内，接到整年营业额一半以上的订单，导致制造端的备料、生产、物流乱成一团，根本来不及生产。许多卖家甚至得将出货期压到三个月后，造成消费者大量的投诉。为此，马云要求当时担任天猫总裁的“逍遥子”张勇（现为阿里巴巴集团CEO）主持圆桌会议，找来200个在“双十一”销售额最高的大网商，了解他们的不满和需求，当时我也在现场，听到了很多抱怨。马云还很正向地说："有抱怨的地方就有商机。"

此外，当时美国奥巴马总统已明确提出制造业"回流"美国的政策；到了特朗普总统，更提及美国优先，对制造业回流祭出胡萝卜和棍子，以增加美国境内的工作机会。马云当时就提议，中国的制造业必须要升级，尤其是中国互联网的应用，通常发生在消费价值链的下端，也就是销售、服务和行销，未来应该要把互联网的应用，往上游制造端发展。同时，他也初次提到阿里巴巴的"双百万"计划。也就是他要帮100万个网商，每家每年赚100万以上，这100万乘上100万就是一万亿元。马云说，这会是一个万亿元产业，阿里巴巴要成为中国经济的发动机。假设这100万个网商，每家只要聘5个人，还可以有500万个就业机会，又会拉动第二个万亿元的产值，也就是之后的"电商服务业"。

所以阿里巴巴要开始建立生态系统（ecosystem），不只是销售、行销、服务，还要进到制造端，他要帮助这些网商从B2C（Business to Consumer）做到C2B，因为未来将是一个以消费者为主导、卖方快速响应的商业环境。

2011年，阿里研究院正式对外公布C2B这个概念，也就是以消费者需求为起点的个人化生产与销售。值得注意的是，C2B中的2 = to，在这里强调的是"参与"，意思是通过消费者需求的探索、驱动、购买，再整合商业互联网和工业互联网，为消费者提供个人化定制商品或服务的商业模式。

当时阿里巴巴提出这个以消费者为中心的商业模式，大多数人认为只是在讲电子商务发展的趋势和方向。但五年后，也就是2016年，马云在杭州云栖大会上直接说明："从明年（2017）开始，阿里巴巴将不再提电子商务这一说法，因为电子商务只是一个摆渡的船。"

此言一出，震惊各界。为什么以电子商务起家的阿里巴巴，现在却认为电子商务只是艘摆渡的船？那么互联网发展的下一个彼岸在哪里？答案就是C2B。未来30年，C2B模式将重构"人、货、场"，达到以消费者为主导的新商业文明，而"五新"则是达到这个新世界的方式和手段。

所谓五新，指的是线上线下融合，并与智能物流结合的"新零售"；传统上先生产再销售的制造方式，将彻底转向智能化流程、个性化定制（Customizing）的"新制造"；基于数据的信用体系，将产生真正的普惠"新金融"，帮助更多个人进入互联网产业；层出不穷的"新技术"将基于互联网、大数据，改变人类生产生活的各个方面；而数据将取代石油、煤和电，成为技术发展与生产革新的"新能源"。

马云说，未来30年是人类社会翻天覆地的30年，而且未来已来。因为五新已在各行各业掀起革命，而在C2B时代，整个商业模式将会"逆着来"！当大数据、物联网与自动化生产技术成熟、整合并交融，一切都将改变。过去，工厂大量标准化生产后，才决定销售与渠道怎么做，但未来，将是以消费者需求为起点，反过来决定个人化生产与销售该如何达成。C2B，不只是一场制造革命，更是一场商业变革。

C2B逆商业时代将是未来产业转型的第二曲线，第二曲线必须要在第一曲线到达巅峰前开始投入。企业应该在自己登峰造极之际，利用自己的第一曲线的资源，率先带领产业进入第二曲线，因为你不革自己的命，就等待别人革了你的命。一旦第二曲线到达策略曲线的“拐点”时，就会开始有十倍速增长，但是等你发现了，一切都来不及了。

许多衰败的产业，他们没有做错事，只是没有在对的时间，迈向第二曲线时代，也就是C2B逆商业时代。

我很高兴这本书即将出版简体中文版，把我的观察与大陆同胞们分享。我常在想为什么大陆的互联网生态比西方世界成功，因为互联网的第二曲线上有着中国文化的儒家美学。春秋战国时代弱肉强食，优胜劣败，这是第一曲线，当时出现了一个“奇怪”的人叫孔子，让大家要设身处地为他人着想（仁），果然孔子在当时一事无成。孟子继承了孔子的仁，认为人性本善，只要你对人好，别人就会以礼回应，所以在春秋战国时代也一事无成。荀子继承了孔子的礼，认为人性本恶，必须要用法律来强迫人走向秩序。法律就是一种标准，达到了有奖赏，达不到要处罚。荀子的学生韩非与李斯成了法家，秦始皇采用了法家，终结了第一曲线春秋战国的诸子百家。儒家思想不是不好，只是它是为第二曲线预备的。

第二曲线也意味着思维模式的改变。春秋战国时代强调消灭敌人，汉朝统一天下，境内没有敌人，开启了中国历史的第二曲线，“罢黜百家，独尊儒术”（仁与礼），让之后中国两千年来都维持大国而不坠。过去B2C时代，西方管理哲学当道，以企业为核心，强调优胜劣败的竞争，这是第一曲线；当进入第二曲线，C2B逆商业时代以客户为核心，“民（C）为贵，社稷（B）次之，君为轻”，讲求生态开放共赢，却是儒家思想的天下大同。

《C2B逆商业时代》能在大陆出版，让人期待。

台湾科技大学资讯管理系

专任特聘教授　卢希鹏

推荐序

不立不破：从后天到明天

自有人类文明以来，在90%的时间里，技术、经济和社会发展都极其缓慢，不太需要思考未来，因为未来10年、20年甚至100年都不会有太大变化，下一代人将要面对的世界与上一代人所经历的世界也不会有什么不一样。但是，当人类处于另外10%的时间里，情况则迥然不同，比如200多年前工业革命的年代和当今信息革命的年代。与工业革命一样，以互联网为核心的信息技术引发的这场信息革命，不仅是技术、经济和社会的快速发展，更是一场技术、经济和社会的典范大转型，工业时代的典范正在瓦解，信息时代的典范正在涌现。

这就需要我们对未来有一个全新的思路，不能从今天规划明天，而要从后天规划明天。如果仅仅从今天规划明天，规划的目标、思路和思维方式，都会受到今天的资源、人才、模式和流程的束缚，很难有所突破。反之，如果围绕新典范展开想象，将看见迥异于今天的后天；基于后天规划明天，就可能有所颠覆和创新。这就是我这些年常说的“后天观”：

为了抵达明天，必须远望后天，否则明天只是又一个今天。

从今天到明天很难，从后天到明天较易。

知易行难。在典范大转型的时代，束缚我们看见后天的是一整套工业时代的知识体系、思维方式和基本假设，是无处不在的被工业时代格式化的感知和经验，是我们久已固化而不自觉的见识和思想。每个人都是井底之蛙，常会以自己的见识和思想做成一口井，陷进去，局限自己的眼界，以井蛙之见看待世界，对待别人。井底之蛙不可怕——我们每个人无一例外都是井底之蛙，但应该做一只有自知之明的井底之蛙，努力不断地从井底往上跳，突破自己，拓展视野，展开想象，走向未来。

怎么走？指望所有的井底之蛙一齐往上跳并不现实。指望一、二、三齐步走，传统企业同步转型也不可能。指望斗垮旧经济，然后发展新经济更不对路。新生事物大多是边缘革命的产物，往往是先有一个新的、小的，甚至微不足道的增量，然后增量逐渐崛起，推动和催化存量转型或者消解，最终完成整体转型。

关键是“立”，而不是“破”。不立不破。立字当头，破也就在其中了。

20年来，在以“云网端”（云计算、互联网和智能终端）为核心的新基础设施、以数据为核心的新生产要素、以大规模协作和共享为核心的新结构三大动力的推动下，涌现出以网商和电子商务平台为代表的新商业主体，以网络零售为核心的新市场，以电子商务服务业为核心的新商业模式、商业形态和商业生态，平台经济由此崛起并催生出亚洲市值最高的阿里巴巴经济体，以个人、消费者、创业者、小微企业和服务商等在线协作和共享为特征的“自由连接体”正在进入主流。淘宝网就是在这样的大潮中“立”起来的。淘宝网上，拥有约5亿消费者，约20亿件商品，1000多万个商家，每天产生约3000万件快递包裹。2016年“双十一”一天的交易额1207亿人民币。淘宝网被《经济学人》称为“世界上最伟大的集市”。

信息时代的经济形态正在成形。从中观看，正在形成微经济、共享经济和平台经济“三位一体”的经济形态。从宏观看，经济体系正在从工业时代的“三次产业”和横向分工，向信息时代的“三层生态”和纵向共享转型。第一产业、第二产业和第三产业，是基于横向分工划分的；三层生态即基础设施、平台和自由连接体，是基于纵向共享划分的。当世界以这样的速度、力度和颠覆度展开典范大转型时，最重要的问题是：

后天的世界，有你的位置吗？

卢希鹏教授长期致力于互联网、电子商务和管理创新研究，声名卓著，是唯一担任过全球十大网商评委并在网商大会主旨演讲的在台专家，对阿里巴巴、网商、电子商务和互联网金融等均有深入研究和卓越见解，并在移动互联网时代到来之际提出“随经济”这一极具创新和启发的概念和理论，影响深远。

《C2B逆商业时代》是面向后天，以立为本，以C2B为轴心，率先分析和展望“五新”经济的力作，系统阐述了新零售、新制造、新金融、新能源和新技术等近来引起广泛关注的五个“新”，并辅之以丰富翔实的案例，恰逢其时，对于每个人、每家企业、每个地区如何找到和确定其在后天的位置，如何跳出井底、拓展视野、走向未来，都是很好的借鉴和指南。

是为序。

阿里研究院高级顾问

阿里巴巴集团前副总裁

梁春晓

2017年8月12日于北京

推荐序

未来主战场不在科技，而在运营

熟识卢希鹏老师的朋友都知道，卢老师研究互联网与电子商务长达20年，在这个领域著作等身，可称此领域一代宗师。这20年历经互联网、移动互联网一波又一波的巨浪冲击，各企业也从“看不起”到“看不懂”，至今已是急切想找方法跟上。卢老师通过“今天”“明天”“后天”三段论述，清楚勾勒出在这些新浪潮冲击下，“零售”“制造”“金融”三大领域，如何形成了翻天覆地的巨大变革。再辅以数十个《商业周刊》采访的案例，理论与实务相结合，清楚描绘出立体场景，相信可以为许多在这巨变时代下迷茫的经营者，指引出几条可行的道路。

现今各产业经营者面临的挑战，绝非简单地把互联网如加法般添上去就能解决问题，需要的是深入企业核心的数字转型变革。然而转型变革，如脱胎换骨之痛，难以改变。但是，能不变吗？不变，就等着被改变或被消灭。

我身处的零售行业，清晰可见产业内品牌所面对的重大挑战。过往品牌借由IT科技，让实体渠道迅速扩张又能有效管理。但是当互联网浪潮一来，电子商务这门必修课，让许多品牌重修数次都还没过关，下一波移动互联网、IoT（物联网）等新浪潮又紧接着到来。所以当品牌新零售风潮一起，品牌经营者都很迟疑该不该立即切入。因为在零售行业，实体品牌很难做，虚拟品牌也不好做，那虚实融合的新零售岂不是更难做？能有人成功吗？都还不会操作虚拟的电子商务，有能力操作虚实融合的新零售吗？

另一方面，所有品牌经营者却又急切告诉我，他们知道不仅年轻人，就连年长者每天的时间都被线上与线下瓜分，这代表消费者的生活早已线上线下融合，所以品牌与消费者沟通当然也要线上线下融合，销售渠道自然也要虚实融合，不能只靠实体，更不能只靠虚拟。品牌经营者普遍认为，新零售已是大势所趋，不是该不该做的问题，而是该如何做的问题；该如何做，才是主需求、主痛点。

当新一波浪潮来临（以电子商务为例），首先是看谁能克服基础技术问题，这是变革的第一阶段。谁能跨过这个门槛就能取得机会。所以，领先进入新领域的，大部分是有技术能力的新公司。可是，当技术成熟或是有新技术服务商出现后，新浪潮就会迅速迈入第二阶段。这阶段的决胜点，是电子商务的运营模式，谁懂运营，谁就可以驾驭新技术掌握新机会。回到新零售场景，当你有能力、有技术打通线上线下环节，以会员为中心整合线上线下全景数据后，就会发现新零售创造的是更大量的新问题，而这些新问题不打通是看不到的，例如：

1. 线上线下信息如何在异质系统间即时更新。

2. 线上线下渠道如何联合操作会员活动。

3. 线下销售人员如何协同线上销售，转型为全渠道（Omni-channel）销售专家。

4. 公司需要全新的经营策略，让营销、活动、渠道、激励机制等要素，可以在新的融合环境下协同运作。

在未来新零售领域，除了技术支持外，更需要大量新零售经营模式，用这套新的运营方法，满足消费者真正的需求。当这套模式快速成熟，新零售将会剧烈改写零售行业的版图，新零售对零售业整体的冲击，将远远超过电子商务对实体零售的影响，甚至在未来，电子商务将会被称为传统产业。

一位合作的品牌老板激动地分享："进入新零售后，才发觉这是打造整个品牌经营变革的基础，这也将是未来品牌增长的关键。"新零售将是所有零售品牌决战未来的战场，唯有尽早进场，才有机会成为下一拨赢家。

九易宇轩董事长

何英圻

作者序

一场天翻地覆的变革

欢迎来到“逆商业时代”。这是人类7万年的历史中，刚刚开始展开的一段新商业文明。在人类的发展史中，每逢商业文明的转变，都是财富重新洗牌的开始。

依照以色列历史学家赫拉利（Yuval Noah Harari）所著的《人类简史：从动物到上帝》（*Sapiens: A Brief History of Humankind*）一书，现代人类始于7万年前的智人（Homo sapiens），因为人类开始学会转述看不见的概念（如文化愿景与理论哲学）。这样的认知革命让人类开始可以与陌生人合作，建立庞大帝国，不过仍以狩猎囤积为主。接下来，12000年前的农业革命让人类定居下来，豢养牲畜与耕种，粮食产量稳定且充足，于是有了预测、储存与产业分工合作的大量商业现象，金钱、帝国、宗教带来了人类大融合。

直到500年前，科学革命带来快速进步，影响之后的资本、航运技术、工业革命，促成20世纪的全球化发展。现在的互联网革命，导致区域文化正快速消失，进一步促成全球大一统。在人类发展史上，互联网带来了毁灭，也带来了新生契机。现在正发生的C2B逆商业，是一种毁灭，也是一种新生。

C2B逆商业时代是一种新的科技革命，我称为是由随科技

（Ubiquitous Technology）所产生的随经济（Ubiquinomics），毁灭的是以企业为主导的大批量生产，新生的是以个人为核心的碎片化生产。在工业时代，不会存在“以客户为导向”的公司，因为整条供应链，都是由上游付钱给下游进行驱动。举例来说，如果A公司的业务跟客户说，你应该买竞争对手B公司的产品，你觉得A公司的老板会高兴吗？如果A公司的业务跟老板说：“你不是要我为客户着想吗？我觉得客户真正需要的是B公司的产品。”你觉得老板会接受吗？别傻了，在工业时代，为客户着想的真正意义在于“请以客户的语言哄骗客户，让客户以为他真正需要的是我们公司的存货”。因为存货，是工业时代制造后再销售的巨大成本。

工业时代之后，人类出现了“独立自我空间”的需求。在人类的历史中，7万年来人类只要脱离家庭与社群的保护与支持，就无法独立生存。即使在工业化的社会里，人们离开了家族，来到城市里工作，但这还是一个企业主导的社会，个人在这种文明中，是无力对抗企业的，因为消费者只是一盘散沙。直到互联网将一盘散沙的消费者连接起来，形成一种既分散又连接的虚拟组织。这让人类运行数千年的B2C供应链改变了方向，因为消费者才是真正付钱驱动生产线的人。

这将是一个崭新的商业文明。在新的商业文明中，拥有消费者名单远比拥有供应商名单来得重要，因为消费者名单既分散又连接，每个消费者更需要独立自主，消费者口袋里的钱才是整条生产线的驱动力，真正消费者导向的企业就以C2B的形式出现了。

在这本书里，我们将看见由新零售、新制造、新金融、新能源、新技术所塑造的C2B逆商业时代里，狩猎（寻找新客户）、畜牧（留住老客户）、农业（视客户为伙伴的生态系统）、工业（大量定制化）与互联网时代（大数据、小前端连接的个人化）的交互作用，这也就是马云在2016年云栖大会上所预言的，未来30年将有一场“天翻地覆”的转变。

谢谢《商业周刊》资深主编方沛晶在很短的时间内，整理出我的观点与33个创新案例。很佩服《商业周刊》的先见之明，早已报道了丰富且精彩的C2B企业故事。本书案例将聚焦在新零售、新制造、新金融三个主题，这些案例似乎已经揭示出，旧文明已经结束，只是体温犹存。

如果马云称这将是一场天翻地覆的变革，我们看到了什么？我们又准备了什么？

台湾科技大学资讯管理系
专任特聘教授　卢希鹏

作者序

拐点上的逆策略

在新创公司找资金的过程中，最吸引人的图表是什么？答案应该会是一张有如曲棍球棒般的曲线图。这条曲线一开始会是平的，经过一段时间后，到某个拐点（Inflection Point），趋势就会迅速地向右上方走。产业发展现正在拐点上，而C2B模式，就是把商业趋势从拐点带往右上方的动力引擎。

曾经，制造商为王，它生产什么，渠道就卖什么；后来，渠道商成为新王者，它想卖什么，生产商就做什么。但现在，当万物联上了网，大数据诞生，自动化生产实现，消费者为王的口号才真正可以落地，你想要什么，制造商、渠道商都据此展开自己的服务。整个生产流程正进行180度的翻转，你必须学习把价值链倒过来看。这是18世纪第一次工业革命后，头一次消费者可以从价值链的末端，一跃而成为决定所有流程的源头，包括设计、生产、制造。消费者，真正成为号令天下的王者。

《C2B逆商业时代》成书是因为，在采访第一线上，我们看到这个快速发生的趋势，正颠覆各行各业的游戏规则，从制造业到服务业。当“纯电商”的买卖开始蜕变，“纯制造”的生产也开始翻转，《商业周刊》陆续探讨新零售、新制造、新金融等相关议题。譬如，我们以10位新零售赢家为样本，研究他们在新与旧、实与虚之间，做了什么样的整合、取舍；如何结合电商、店铺、物流，串联线上到线下的消费体验、大数据分析，提供多元支付，打造以消费者为核心、无虚实之分的全方位服务。在逆商业时代，习惯代工的产业必须学会跟昔日大单挥手告别，因为这个时代再也没有肥美大单，只有更多小单、更多定制需求。

这本书里，卢希鹏教授以“五新”为轴，提出C2B的主要概念；《商业周刊》则是从产业现象追查，辅以精彩案例，引申出适应未来趋势的企业升级策略，希望这些理论、案例，以及名师点评的内容，可以给读者及其所处企业一些启发。当趋势逆着来时，产业仍然可以顺势而起，拥抱未来！

《商业周刊》
总编辑　郭奕伶

Consumer to Business

Today

今天

总　论

今天很残酷，

明天更残酷，

后天很美好，

但绝大部分人死在明天晚上。

—— 阿里巴巴集团董事局主席马云 ——

2014 年清华大学经管学院毕业典礼演讲

第一章

商业，为何逆着来?

1995年，是电子商务发展史上非常值得纪念的一年，3月雅虎成立，从此线上分类广告改变了企业与消费者沟通的传播模式。7月杰夫·贝佐斯成立了亚马逊，之后我们有了专营B2C（Business to Consumer）的电商网站。9月eBay成立，带动C2C（Consumer to Consumer）电商模式盛行至今。从1995年开始，人类的商业活动，等于经历了第一次“从线下到线上”的大迁徙。

其后陆续成立的谷歌（1998年）、阿里巴巴（1999年），确立以销售对象区分的B2B（Business to Business）、B2C、C2C的电子商务商业模式。然而过去20年间，人们仍必须通过线上或线下的方式，去到由企业设置的渠道消费，无论线上电商或是线下门店，都还是消费模式的中心。

去中心化的不连续创新

随着互联网用户从PC端转向移动端，线上与线下商业的界线正在成为过去式，只要有手机，任何线下消费随时都可以转换成线上交易。我们已走过了PC时代，正在从移动互联网时代经过，迎向万物互联（IoT，Internet of Things）的智能时代。

以往，是消费者主动到线上线下渠道去购物，但在不久的将来，人类的商业文明将真正达到“去中心化”的消费模式。**O2O（Online to Offline，线上到线下）全渠道的新零售，或是个人化定制的新制造，其思维是：“你在哪儿，哪儿就是服务或制造的中心。”这种“去中心化”的不连续创新，又是一次人类从B2C到C2B（Consumer to Business）的商业活动大迁徙。**

我有一个大三的学生，在网络上卖日本娃娃。有一天，她跟我说，市场上的价格竞争非常厉害，竞争对手的售价，已经跟她从工厂的批发价格差不多了。三个月后，她跟我说：“老师，我的日本娃娃已经卖到墨西哥了，而且有实体店老板对我的产品感兴趣。”

一个小女生怎么做到的？“很简单，”她说，“我就上eBay搜索，发现墨西哥居然没有人卖日本娃娃，于是我就上架那里的eBay，因为没有竞争对手，售价可以提高30%，后来有实体店老板看到了，我也批货给他……”这个大三的小女孩，没有资源，没有经验，也没去过墨西哥，她一个人，为了求生存，就把商品卖到墨西哥了。她的想法不是把人带到我的商店，而是将我的产品送到有人的地方，无论是线上或是线下，这就是“顾客在哪儿，哪儿就是服务或制造中心”的概念。

如果你觉得这个故事很有启发，我会告诉你，这是十多年前的事了。这么多年来，**我们在互联网时代下的商业模式，已逐渐由大企业主导的经济，走向长尾与个人主导的经济；从先制造再销售的B2C思维，转向将商品主导权和先发权交给消费者的C2B新商业文明**。

传统的经济学概念认为，当一个产品的需求越高，价格就会越高，但在C2B思维下，“汇聚需求（Demand Aggregator）”将取代传统“汇聚供应商”的购物形式。当消费者因议题或需求形成社群（Community），通过集体议价或开发群众需求，只要更多的消费者购买同一个商品，购买的效率就越高，价格就越低。

先行者的四大模式

因为互联网的发展，消费者个人化需求的声音也越来越强，C2B最终将成为由消费者驱动、“以销定产”的商业模式。未来价值链第一推动力会来自消费者，而不是企业。由于消费者才是新商业文明的中心，不必再为了买一件商品东奔西跑，只需在C2B网站上发布需求信息，就会有很多商家上来竞标。消费者不用再花费心思跟商家砍价，只要在C2B网站上发布一个自己能够承受的价格，凡是来竞标的商家就是能接受这个价格的。当商家围着买家（消费者）竞价、比效，消费者就可以从中选择性价比更好的商家来交易。

美国的Priceline旅游网站就是最好的一个例子。Priceline于1998年成立，以“给出您自己的价格（Name Your Own Price）”为号召，让消费者自定所需的机票、旅馆、日用品等价位，再寻求相关企业来满足消费者需求。这种打破传统先制造再销售的C2B模式，等于是消费者反向要求企业生产符合自己需求的产品才会买单，也就是购物行为由传统的企业“推”动，转为消费者“拉”动。在企业端，**在原材料价格普遍上扬的情况下，C2B的好处是中间渠道消失，以销定产，可减少库存成本，坏处是要完全符合消费者的个人化需求订单，将无法产生采购成本优势**。

因此，从制造的角度来看，C2B目前存在的定制模式包括：

1. 议价定制：例如Priceline，由用户自己出价，商家选择是否接受，买卖双方议定旅游行程的最终价格。

2. 预售定制：例如天猫“双十一”，节前会发布预售的定制商品，预先聚合消费者的需求，再组织商家批量生产，在价

	数量化	个人化
浅参与（Order）	预售定制（天猫“双十一”）	议价定制（Priceline）
深参与（Spec）	模组定制（海尔）	个人化定制（尚品宅配）

图 1-1　C2B 的定制模式

格上让利于消费者。

3. 模组定制：例如海尔商城，由消费者选择家电的容积大小、调温方式、门体材质、外观图案等。考虑到整体供应链的

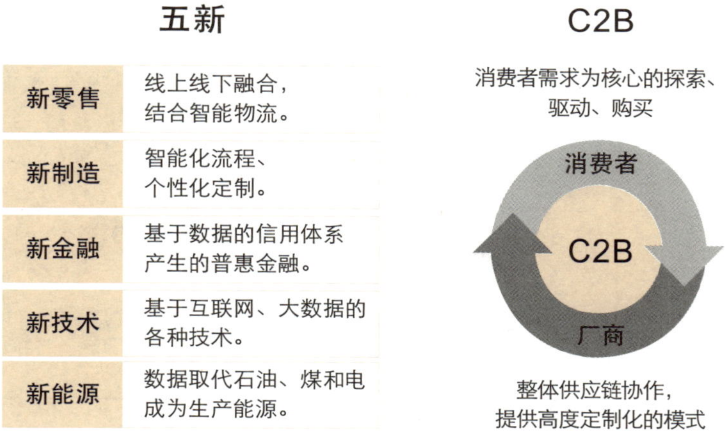

图 1-2　以“五新”为手段连到 C2B

改造成本，为消费者提供模组化、功能表式的有限定制，这也是目前大部分制造商的做法，倾向于让消费者适应企业既有的供应链。

4. 个人化定制：例如尚品宅配，消费者可根据户型、尺寸、风格、功能，完全个人化定制，并从源头就开始参与全流程的制造环节。

传统的产品主导逻辑（Goods-dominant Logic）下，被大量分散的个性化需求，从销售端持续施压，倒推回制造端生产和管理的整条供应链乃至整个产业，必须朝满足快速多变、高度个性化的市场需求演化。因为行业属性不同、竞争结构有差异，在不同行业里，C2B的影响也会有不同程度和不同形式的实现，例如消费体验要求较高的服装业，发展速度就比汽车业

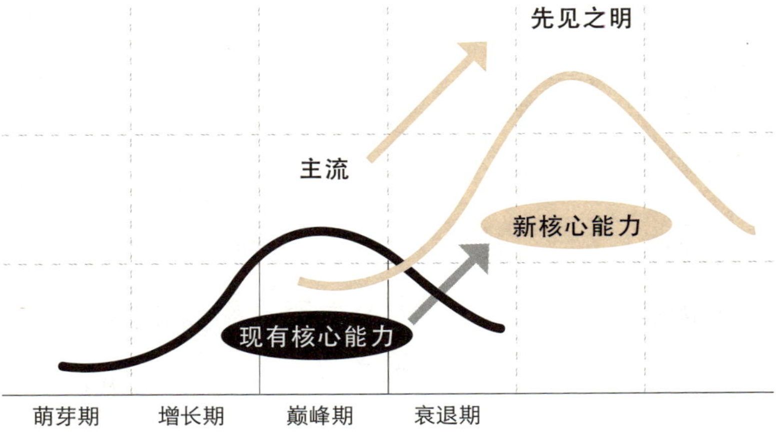

图1-3 核心能力造成组织转型僵化

来得快。

为什么马云要在此时谈C2B和“五新”呢？我认为这和过去20年，策略学中的“核心能力”理论被颠覆有关。“核心能力”理论最近几年受到学者们的挑战，因为我们发现，核心能力往往会成为组织转型僵化的原因。亚马逊、eBay、淘宝、天猫等“电商”经营模式，从1995年至今已22年。当一个“双十一”可达千亿人民币以上的营业额，说明这种经营模式已是一个时代的巅峰。凡在生命周期达到巅峰的产业，随之而来的就是衰退。在衰退的过程中，原有的核心能力就成为组织转型僵化的主因。

微软最强的是办公软件，所以它转型不到雅虎；雅虎最强的是媒体入口，所以它转不到搜索引擎；谷歌最强的是搜索，所以它转不到社群；脸书最强的是社群媒体，所以它转不到像微信这种结合通信、社群、支付等多功能的社群网络。同样的道理，阿里巴巴、天猫、淘宝，最强的是B2B、B2C和C2C，当微信这种多功能社群出现，它就很难转型过去。

在此情况下，凡是到达巅峰的产业，都必须要比竞争者率先提出下一波产业走向。马云提出C2B，才能在阿里巴巴的现有资源上，带领整个产业进入下一波。这就像当时微软DOS已是市场占有率95%以上的操作系统，但微软自己毁灭了DOS，将DOS带到Windows新平台。我认为，以PC信息平台为主的电商平台，将转型为一个以支付为主的“个人化”平台。过去20年，电商都是一个PC信息平台，人们必须要到一个域名（Domain Name）上买东西。在PC信息平台上最大的麻烦是，除了消费者主动提供的个人信息之外，厂商几乎获取不了个人的消费行为，但在大数据、实名制支付等技术成熟以后，将会转变成以支付宝等实名制支付工具为主的个人化平台。

愈来愈多的IoT产品围绕在我们四周，接收每个人线上或

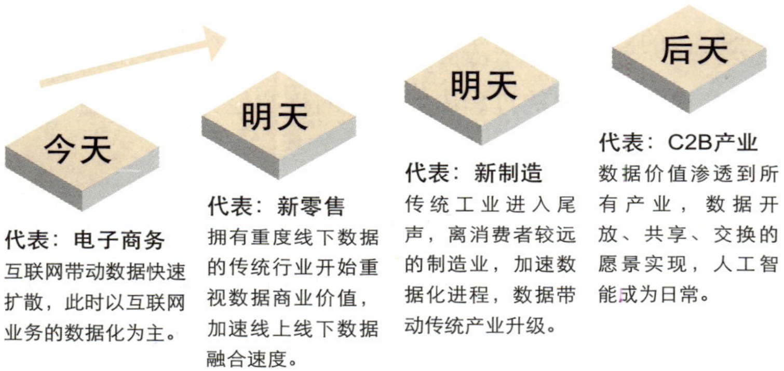

图1-4 大数据发展的四个阶段

线下的个人化行为数据，而支付宝则是个人化的实名制平台，这种结合IoT和实名制支付为主的消费模式，将是下一波互联网发展的主流。**目前，是一个电商网站对应十几种支付工具；未来，会是个人化的实名制支付工具，对应数百个电商平台。当然，每个电商平台也都围绕着个人的消费需求而存在。**

为什么马云说，今天很残酷？因为B2C、C2C这类电商模式经过20年发展，已经到了非常成熟的地步。为什么明天更残

酷？因为大家看到的明天都很类似，大家都看到O2O很重要、消费者主导很重要，大家都要做CRM（Customer Relationship Management，客户关系管理），当大家都要做一样的事，未来的挑战就会愈来愈残酷。所幸，后天很美好。阿里研究院高级顾问、阿里巴巴集团前副总裁梁春晓建议："从后天来看明天，就会知道明天该做什么。"后天，指的就是由消费者主导的C2B新商业文明，而这种新文明，将由新经济、新社会、新科技和新消费者组成。我们将进入DT时代，DT是数据处理技术（Data Technology）的英文缩写。

节省时间成本的随经济

我看过一篇有关汽车设计的文章，设计师们讨论说："如

	工业时代	IT时代	DT时代
基础设施	电力、交通、机械	通信网络、数据库	云计算、互联网、智能终端
核心主体	大企业/工厂	企业/供应链协同	平台/个人化主导
经济形态	规模经济	服务经济	平台与共享经济
商业模式	B2C	大规模定制	C2B
交易过程	大量制造、再销售(Make→Sell)	小量制造、再销售(Sense→Response)	先销售、再制造(Sense→AI→Response)
节省成本	生产成本	交易成本	时间成本
重视资本	金融资本	智慧资本	社会资本

图1-5　工业时代、IT时代、DT时代的技术与经济

果汽车有生命，进入21世纪后，会演化成什么样子？”他们的结论是，车子的外形应该会短短高高的。因为现在停车位难找，人类身高较高，早期矮矮长长的大型车会被淘汰。

适者生存，不适者淘汰，这是进化的必然。在进化史中，人类与猴子最大的不同是使用工具，人类学家依照人类使用的工具特性，将史前文明分成石器时代、青铜器时代与铁器时代。之后又依照生产方式，将人类的经济活动定义为农业时代、工业时代与信息时代。从使用工具来看，工业时代使用的是机器，信息时代使用的是电脑，到了现在，使用的工具则是互联网。

再从经济演化的角度来看，著有《第三次浪潮》（*The Third Wave*）的未来学大师阿尔文·托夫勒（Alvin Toffler）把工业革命及其带来的社会改变视为“第二次浪潮”，其核心概念是大量生产、大量配销、大量消费、大量教育、大众媒体与娱乐等，人们的经济活动是以工厂为思考基础。工业时代，最重要的是节省厂商那一端的生产成本。因为要节省生产成本，所以强调规模经济，大量制造之后先放在仓库，再经由大量营销的手法，卖到消费者手上，这就是我们熟悉的先制造、再销售（Make and Sell）的B2C商业模式。信息革命所带来的第三次浪潮，节省的则是消费者和厂商往来之间的交易成本。当客户跟厂商做交易的前、中、后，过程更为容易，交易成本更低廉，这时候会产生产业解构，因为市场交易成本愈低的公司，规模就会愈小。

例如银行业，因为ATM降低了人们与银行之间的交易成本，银行规模就缩小了；网上银行进一步降低了金融交易成本，银行的规模就会缩得更小。零售业也是一样，当电子商务降低了人们与零售商之间的交易成本，许多百货卖场、超市就会逐渐消失。

到C2B时代，我认为这是“第四次浪潮”。是农业经济、工业经济、信息经济之后的新经济形态，就是“随经济”（Ubiquinomics）。随经济使用的工具是互联网，而非电脑，要节省的则是消费者个人的“时间成本”，也就是说省力还不够，还要做到毫不费力，交易成本趋近于零。要毫不费力，必须做到“个人化”以及“智能化”。举例来说，你发现家里没有洗衣液时，以前会上亚马逊网站去买，这可能花掉你五分钟，现在可以把手机拿出来，用App去买，可能花掉你两分钟，或者扫二维码去买，可能会花掉你一分钟。

亚马逊最近发展出“一键购物”（Dash Button）的服务，把一个IoT装置贴在洗衣机上，当你发现没有洗衣液了，只要按一下就完成采购，可能只花你十秒钟。当然，现在你还要走到洗衣机旁，不久的将来你可能连动手都不用，只要对着亚马逊Alexa语音助手说：“帮我买洗衣液。”它就会自动完成比价、购买等流程。我们发现，以上都是减少时间的过程，所以在经济演化的层面上，人们愈来愈发现省力还不够，省事还不够，还要做到省时间。

强调社会资本的弱连接

从社会结构的演化来说，**农业时代强调的是人力资本（Human Capital），工业时代强调的是金融资本（Financial Capital），信息时代强调的是智慧资本（Intellectual Capital），到了随经济时代，新社会要强调的叫作社会资本（Social Capital）**。因为人与人之间的互动和交流变得比较简单，以前我们要把东西卖到巴西去，人必须飞到巴西建立销售渠道，但是现在我们很容易通过互联网的“弱连接”连接到巴西人。

强连接指的是你在公司认识的同事，而弱连接指的是你坐地铁时旁边那个不认识的人。在工业时代，我们喜欢建立强连接，强连接才有互信基础，但永远只建立强连接，你的社会资本就没有办法扩大。举个例子，我上课时跟学生开玩笑，资管系男生如果交了资管系的女友，那叫作强连接，你们大学四年白天聊数据库，晚上会继续聊数据库。如果资管系男生认识了一位外文系女生，那是相对的弱连接，你们就可以白天聊数据库，晚上聊莎士比亚，又或者你今天认识的是一个印尼女生，通过这个印尼女生又认识了许多的印尼朋友，那更是弱连接，可以扩大你的社会资本。所以说，在一个弱连接的互联网社会，你可以很容易认识陌生人，也可以很容易跟全世界的人做生意。

大约是2010年，一位16岁英国少年在圣诞假期，用合成混音器做出十几种放屁的声音，包括干屁、湿屁、响屁、闷屁等等。他把这些用来做恶作剧、整同学，觉得很好玩。后来他把放屁声放在苹果App Store贩卖，一套卖0.99美元。没想到，一个月下来竟卖出一万多套。我在电视上看到记者采访这位少年，他的神色很慌张，自己都搞不清楚，为什么这个恶作剧可以赚到1万多美元。

一个16岁少年，什么都没有，却可以轻而易举在全世界卖出1万多套软件。为什么？因为他利用了App Store。App Store就是把全球用苹果手机的人连接起来的一种“弱连接”。**在未来，以个人为主导的C2B商业环境中，弱连接让我们很容易全球买、全球卖**。

阿里巴巴到底在卖什么？我认为，他们卖的就是一种弱连接管理，因为在真实世界中，你很难接触到工厂。但是在随经济社会中，你能很容易接触到工厂、市场，甚至是全球市场。这就是阿里巴巴希望在短期内实现“全球买、全球卖、全球付、全球运、全球游”的五个“全球”。

随时感知、即时响应的随科技

C2B新商业文明中，还有一个特征叫作“随科技”。过去的信息科技由三方面组成——人机界面、应用程序和数据库。在云计算的发展下，数据库和应用程序已经存储到上面的云，留在地面的只剩下人机界面。人机界面可以放在手机、家电、汽车等各种IoT装置里，慢慢地，我们就真的进入一个万物互联的世界。当万物互联，收集的信息太多、太杂，多到人很难即时判断，大数据和人工智能应运而生，开始转向在零售端、制造端，甚至金融端，先感知再响应（Sense→AI→Response）的C2B消费形态。

C2B最重要的概念就是“个人化”。要做到个人化，必须先了解个体消费者的所在地点、时间、支付、消费渠道等各种状况；要知道这些，需要很多传感器（Sensor），收集个人的各式各样的信息，经过瞬间的大数据分析和人工智能判断，即时产生个人化服务的响应（Response）。

有一次，我跟趋势科技创始人张明正主持一个世界咖啡屋（World Café）的活动，主题是谈云计算，下面坐的400多个工程师都在支持云计算。我问他们：“当你们的工作都提到云上之后，你们留在地上要做什么？”

他们一时答不出来，原来云计算不是来帮助网络工程师的，是来革网络工程师的命的。因为本来100家企业需要100个机房跟100个管理人员，有了云计算之后，这100家企业只要留一组人员在云端管理即可，那么释放出来的99个工程师人力要做什么？我认为，他们应该留在地上，做很多C2B制造和

C2B服务，也就是发展智能设备（Smart Device）的部分，这些围绕在个人周围的物联网智能设备，是一种小前端，也是可能扳倒狮子的一群蚂蚁。对中小企业而言，云端科技的机会不在云上，而在地面。云端的大量服务器投资很大，而且有赢者全拿的特性，像现在的谷歌、亚马逊这些“狮子”已经做得很好，我们的厂商还有无必要投入大量资本与人力与之竞争？云是一种大平台，但小前端才是C2B新商业文明的主体。例如，硬件（血压计、电视机等）都能卖到全世界，而这些硬件可以感知到消费者的个人信息。如果这些硬件后面都带着几个收集消费者个人信息的私有云，随着这些小前端贩售到全世界的服务，才是产业未来发展的商机所在。

简单地说，**C2B是要做到以消费者为导向，那么在个人这一端，就必须要有联网设备来感知他的行为**。过去我们联网都是靠键盘，但是未来联网可能靠马桶、桥梁、电视、沙发、地板，各行各业都会成为触发这种C2B电子商务或C2B电子服务的引擎。举例来说，现在已开发出一种网络马桶，你上完厕所后，马桶会分析你的健康状况上传到云端，这种云端上的健康数据就是个人化感知的服务。

当然，汽车也能联网，已有厂商在汽车椅垫下装了矩阵式传感器，可以测量到你可能在打瞌睡或是喝酒了，而发出危险驾驶的警示音。它也可以成为防盗设备，因为每个人的臀部坐在椅子上的施力点都不同，这也是个人化的感知服务。从小前端而来的个人化服务是中小企业的商机，也是我们可以发展得比“狮子”好的项目。

从定制化到个人化的新消费者

最后，要谈C2B新商业文明最重要的部分——新消费者。过去，虽然企业或厂商高喊“消费者是上帝”，但其实消费者还是被动的“被服务”。企业或厂商习惯性地疏忽了“最了解消费者需求的，其实就是消费者自己”。**既然最了解消费者的是消费者自己，随着科技的发展，C2B最终将成为由消费者主导、定义、参与的新模式**。

过去是企业或厂商分析客户的需求，现在是客户主动参与进来，例如海尔HOPE开放创新平台（Haier Open Partnership Ecosystem，简称HOPE），就是开放给消费者自己指定他要的

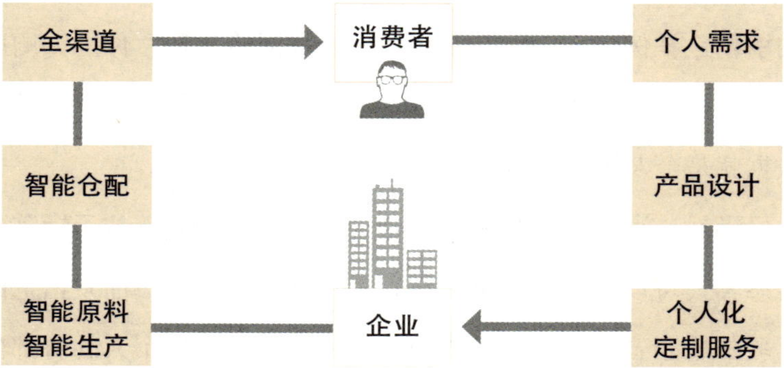

图1-6 C2B商业模式流程示意图

家电规格，而这个规格会放在平台上开放给制造商，如果制造商觉得可以制造且有利可图，就会产生一组新的家电成品出来。

如果是由制造商来设计家电，一年设计出300种家电，其品种数量就很多了，但是由消费者主动提出家电的设计和规格，可以很轻易地产生上百种、上千种的新设计，这种模式就是消费者主导，消费者说要什么，然后，请制造商来配合。过去B2C则是由制造商躲在实验室中猜测消费者要什么，然后尝试去满足消费者，但是在C2B新商业文明中，消费者可以直接从源头参与产品的设计。

在C2B时代，我们要特别强调“定制化”和“个人化”的不同。B2C时代的商业活动强调市场细分（Segmentation），发展到最后，谈的就是定制化，而C2B谈的却是个人化。这两者差异何在？定制化通常是有一群聪明的设计师，如诺基亚，极盛时期据说一年要设计6000种手机，因为他们要针对老人、科学家、CEO、家庭主妇、男生、女生、上班族、会计师、工程师……各种各样的人设计和制造不同的手机。

在当年，如果把你的诺基亚手机拿走，你还可以借别人的手机使用，但当智能手机出现后这一切都改变了。现在如果拿走你的智能手机，给你一部新的手机，你几乎无法使用，因为智能手机里有许多你的个人数据和你经常使用的App，已变成一部你的个人化手机。

诺基亚的6000种手机，是由设计师思考客户的需求，这是一种定制化。**个人化代表的则是消费者需求不再由设计师思考，而是由个人自己定义他需要什么**。苹果手机只是提供一个App Store平台，各行各业的人能够在上面发展自己的需求，储存自己的数据，消费者自己选择下载他需要的App，这就是个人化。

不过，在此衍生出另一个问题，在新制造中所说的“模组化定制”到底属于B2C时代的定制化，还是C2B时代的个人化？这么解释好了，从制造角度来说，为快速、即时响应，一定是模组化生产，即使是个人化的环境中还是要模组化生产。例如在你的手机中有淘宝、微信等不同App，但是你要先安装淘宝，才有淘宝的功能，你要安装微信，才有微信的功能。所以说，这是一部个人化的智能手机，而功能是模组化的。

数据（Data）才是个人化的关键。例如你的这部智能手机，因为里面记录了你个人的数据，才变成你个人化的东西。过去我们谈消费者，讲到的是市场细化，靠的是统计，就是把100万个人用平均数和标准差来考查，但在个人化的C2B商业模式下，有100万个人，就有100万组以上的个人化数据，这些数据所构成的分析就是大数据分析。

过去的商业模式强调的是“产品占有率”，就是厂商希望把一个产品卖给很多人。大数据真正关心的是“个人占有率”，厂商希望这个人一旦买了第一个产品以后，第二、三、四个产品，我都可以卖给他。例如以前出版一本《哈利·波特》的书，我们希望这本书能够卖越多本越好，这叫作产品占有率，或者叫销量。但是从个人占有率的思维来思考，就是如果有人在网上买了一本《哈利·波特》的书，我希望继续卖给他英文课程、魔术课程，以及到英国自助旅行的相关书籍。因为我了解他的需求，就有机会依据他的需求，卖更多的产品给他，这就是个人占有率。

反转供应链的酋长商务

2000年左右，我在《商业周刊》写过一篇文章，题目是《网络将人的购物习惯带回到18世纪》。当时，我的想法是以后网络不仅带给人类更快速便捷的消费生活，也会把人们的购物习惯，带回18世纪的“酋长制”。18世纪的社会是一种部落或社群的组织，人们要买东西会先去找部落酋长或长老，由后者出面来为大家采购。由于当时的物品并无固定价格，讨价还价很正常，当消费者集结起来，就会产生议价能力，部落人愈多，议价的筹码也愈大。

那时，最有资格当酋长的就是美国在线（American Online，AOL），因为它的ICQ即时通、Netscape浏览器等服务加起来，全球有2400万名会员，是当时全世界最大的社群（Community），AOL也等于是全世界最大部落的酋长。可惜的是，AOL的股价却是每况愈下。为什么当时酋长制没有兴起呢？因为在AOL上是一群乱民，这2000多万会员并没有用真实的名字登记。等于在一个社群中，没有门牌号码，没有户籍，酋长难以挟“虚拟的众人”之力向制造商议价。

因此，**当客户是一盘散沙，企业却是“有组织的资源”时，就很难回到酋长制**。近20年过去了，现在出现了很多实名登记的部落酋长，手机从业者、支付宝甚至脸书都走向实名制，那酋长制会不会死灰复燃？会不会成为新的Community to Business（Cm2B，社群对企业）议价模式？

C2B也强调，真正的供应链上游应该是消费者，海尔的HOPE开放创新平台已有这种意味。真正提出需求的是C（消费者），谁能够制造就由比价来取得这个订单，然后再交由B（企业或工厂）制造。这有点像是B2B的接单后生产，只不过下单企业变成了消费者，也因此产生一个真正以C为主的产业结构，反转整个供应链。众筹也是类似的概念，很可能是一个C（消费者），设计了一款新的螺旋状扫地机器人放在网络上，结果有2000个人都喜欢这个东西，众人集结成C社群（有同样需求的消费者），集资请B（企业或工厂）来制造，可以通过比价等机制挑制造商，此时制造商已成为消费者的下游，这就是Cm2B。

C2B模式下创新的两难

在C2B模式下，消费者这盘散沙已被实名制连接起来，应该有很多新商机、新模式呼之欲出，但为什么企业对这个大趋

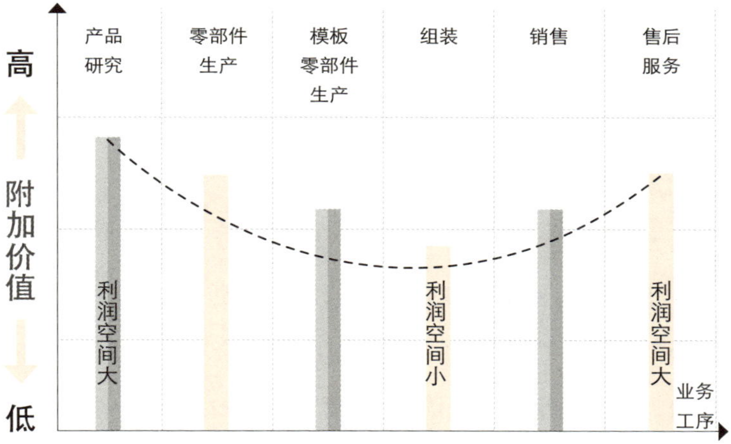

图 1-7　C2B 时代的新微笑曲线

势充满了迷惘和混乱？哈佛商学院教授克里斯坦森（Clayton M. Christensen）在其著作《创新者的窘境》（*The Innovator's Dilemma*）中提到，为什么大企业不创新？是因为大企业现在的业务还是大客户。

淘宝和天猫现在还是阿里巴巴主要的获利来源，如果马云在2010年直接跳到C2B这种个人化生产和销售，在组织内就会产生矛盾。如果要年底财务报表的数字好看，应该继续强调B2C跟C2C的模式。但是从长远的角度来看，淘宝和天猫模式终将式微。

马化腾说："银行这个巨人已经倒下，只是体温还在。"也能说明这个问题。现在银行主要获利来源还是传统金融服务，金融科技（FinTech）是一个趋势，但现在还无法获利，在此情况下，大多数银行都会聚焦在赚钱的传统金融业务，而忽视金融科技的发展，但在五年、十年后，当这些巨人轰然倒下时，大家才会意识到事实上在今天就已经注定了这些传统商业巨人的大败局。

马云在讲述“五新”时说，**“真正冲击各行各业、冲击就业、冲击传统行业的是我们昨天的思想，真正要担心的是我们对昨天的依赖。”**很多产业在面对明天时会更惨烈，在IT的巨大投资，造成很多厂商不想也不敢贸然放掉现在的主体业务。但随经济时代，是DT，是一种技术，也是一种思考，更是一种未来。

一个没有违法的创新，不是真正的创新！真正的创新一定会违法，因为现在所有的法律都是为工业时代制定的，当你要打破工业时代的规则进入DT时代，就会踩到工业时代的法律。同样的道理，目前的很多企业、许多IT设备和管理制度也是工业时代制定的，当我们要走到DT甚至AI的时代，就会踩到过去组织内的制度和科技结构，这也是许多企业转型困难的原因。

产业的发展，受限于现在所积累的制度，所以大家看到的明天都很类似。然而，明天很快会成为更残酷的今天！明天的趋势也将引领典范转移，**C2B时代下，持续进行符合消费者需求的新产品研发，以及提供消费者高价值感受及售后服务的品牌，会成为新微笑曲线的两端**。中阶品牌逐渐消失，仅从事零部件生产和组装的下阶层产品，将成为纯粹的代工制造商。届时，你所处的企业，或是你个人的工作，会落在新微笑曲线的哪一个区域？当零售不再思考线上或线下，当制造不再考虑数量成本，服务、制造、金融业的新商业价值又在哪里？

许多探索者已扬帆前行、航向未知，他们知道C2B模式是未来最大的机会所在，也是无法避免的商业文明演进，适者将会看到后天的太阳，而不适者终将消失在明天晚上残酷的黑夜里。

Consumer to Business

Tomorrow

明天

新零售

若不愿或不能快速拥抱强大的趋势，

外界会把你推向“第二天”。

若你对抗趋势，就是与未来作对。

The outside world can push you into Day 2

if you won't or can't embrace powerful trends quickly.

If you fight them, you're probably fighting the future.

—— 亚马逊 CEO 杰夫·贝佐斯 ——

《2017 年度致股东信》

第二章

正在加速的新零售

为什么马云讨论C2B时，会从“新零售”开始谈起？因为现在互联网应用，大多发生在价值链下端，也就是销售、服务和营销，尤其是营销环节，更容易渗透到整个零售业的交易过程。

以前，是大众媒体定价，广告主付费，信息吸引愈多人注意愈好，但在今天信息高度碎片化的时代下，精准广告只有在消费者点击广告之后，广告主才需要付费。至于付费机制，也不再是媒体说了算，而是以竞价方式由价高者得。再加上手机上网普及，**使广告几乎足以实现贴身性、个人化的精准互动，可以有效地将线上信息转换成实际情境下的交易，这正是“旧零售”转向“新零售”最大的驱动力。**

新零售的现在与未来

旧零售，指的是人到商店买东西，构成了“人们到商店”购物的零售模式。新零售指的是，把商店开到有人的地方，这个人不管在线上、线下，只要通过物流，就能在有人的地方开店。消费者即使在办公室，也可以通过手机买东西，到百货公司仍然可以通过手机买东西，因为新零售是以你为主导，你人在哪儿，我就在哪儿卖东西。

旧零售的开店模式是以“地点”（Location）为主，重点是你的店址选在哪里？而新零售是以“人”（Person）为主，重点在于你是谁？你在哪里？美国著名评论家弗里德曼（Thomas Loren Friedman）曾说“世界是平的”。这种全球化思维还是一种旧零售，因为还是一个以地域为中心的思维；但在新零售的思维里，世界的中心不再是一个国家或者是一幢建筑，而是一个人。不管你在哪里，全世界的人都在为你这个人服务。

马云所说的新零售，基本上是结合网上电商、实体店铺、物流科技，连接线上到线下的消费体验、大数据分析，提供多元的支付方式。但我觉得在C2B新商业模式里，马云只讲了一半，为什么呢？因为他漏掉了中间“判断及选择”的成本。O2O零售模式，虽然省掉人们去商店或者是上网购物的交易成本，但消费者还是得花时间比价、比功能，选择在哪里下单购买。

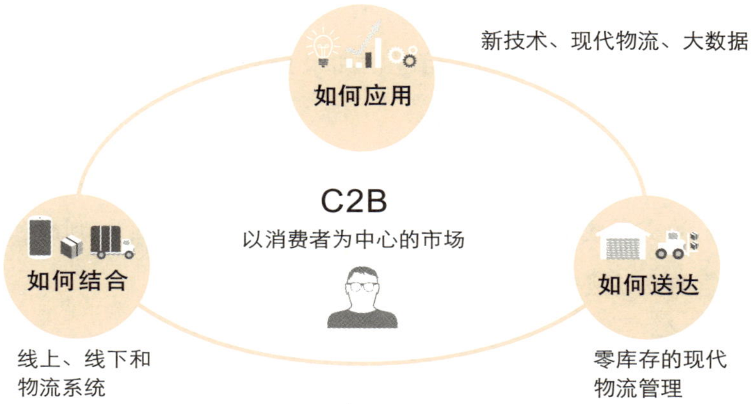

图 2-1　何谓新零售

新零售发展到最后，将会是一个智能化零售。举例来说，在旧零售模式里，我要买一个生日礼物送给女儿，必须上网买或者是到商店里去买。电子商务跟实体商务对我来说是不同的购物渠道，在地点、时间、价格等种种考量下，我必须选择要到电商网站，或者是到实体店去买礼物。

O2O零售则是：我人在店里，可以通过二维码扫描来买；我人在外面，也可以通过手机搜索，到最近的实体商店去购买。如果是未来的智能化零售，只要和Alexa语音助手说，“我要买一个生日礼物送女儿。”Alexa就会主动确认我女儿社交软件上的大数据，看看她最近关心的话题是什么，同时分析一下她社交软件上的广告，看看这种年龄的女生需要些什么？有兴趣的商品又是什么？最后Alexa决定要买什么礼物的时候，还可以同时完成电子商务跟实体商务的比价、下单过程。

这些人工智能判断及选择的过程一瞬间就可以完成。两秒钟后，Alexa会跟我确认信息，如果我回答“Yes”，晚上商品将送来我家。

旧零售的交易成本非常高，O2O零售的确降低了人们“行动”的交易成本，但AI智能零售会进一步降低人们“判断和选择”的交易成本。

不只O2O，还要全渠道、零库存

有些人对新零售还有个迷思，认为只要做到O2O就是新零售，但这也只讲了一半。新零售要达到的是全渠道（Omni-channel），也就是消费者根本不用管渠道在哪儿，只需要关注想要买的商品，甚至不用关心这个渠道是线上还是线下。例如今天要买咖啡，以前要通过定位搜索离你最近的星巴克，然后走过去买咖啡，或是在线上下单，等店家送来。未来你只需跟语音助手说，“帮我买咖啡，外卖。”语音助手就会分析关于你的购买行为，自动帮你完成后续的流程，你根本不需要去分辨这是线上消费还是实体购物，也不需要思考渠道在哪个地方。

新零售里的全渠道，消除了线上线下渠道的界线，对消费者来说，“这就是我生活的世界，我根本不用理会这是虚拟世界还是实体世界”。

新零售的另一个重要支撑环节是“物流”，当前置时间（Lead Time，顾客下单到货品送达的间隔时间）越来越短，“24小时到货”“半日达”成为电商的标准配备之后，现代物流科技追求的将是更有效率的后端仓储流程。

在压缩前置时间上，亚马逊几乎已经做到了极致。亚马逊建立自己的车队、货运机队，甚至研发送货用无人机，减少对联邦快递（FedEx）、优比速（UPS）等物流企业的依赖，对20亿用户数据进行大数据分析，精算最快的配送路径，会员下单后最快在一小时内即可送达。准时率高达98%。亚马逊最惊人的，不是下单后的追踪，而是“事前预测”。云计算会针对这名消费者过去的订单、搜索记录，或鼠标停留在哪件商品最久，预测其未来可能购买的商品，预先送到附近仓库，之后消费者一旦下单，不到一小时商品便能送到家门口。

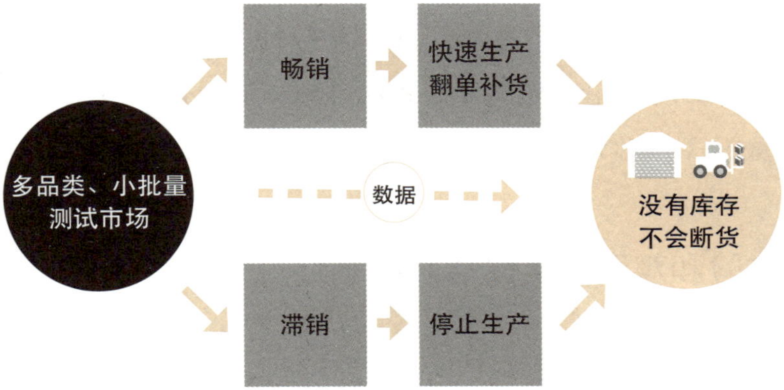

图2-2 新零售下的零库存概念

这样的做法不仅改变了物流的运作方式，也提高了仓储的效率。通过大数据分析，让整个购物流程中的商品，只是以“周转、而非仓储”的形式存在，通过信息流的同步以及高效率的物流系统，使得中间商达到商品“零库存”目标。

当通过云计算、大数据等技术，实践以消费者为核心的C2B生产、销售模式，让库存始终处于流动的状态时，比起传统大型平台电商追求速度与数量，新零售更应看重“适当性”。例如，传统电商为了拼销量或清理庞大库存，只能一味削价竞争，或是比拼物流配送速度，竞争那一两个小时的差异，但这些做法大多赚不到钱。而在新零售体系下，当你越懂消费者，你越有机会在适当时机找到适当的消费者，给予他适当价格的产品，达成双赢。

然而，零库存真的有可能实现吗？事实上，许多企业已在实验的道路上。日本服饰企业“Factelier”采用虚实整合的“工厂直送”模式，消费者在实体门店体验商品后，通过网络下单后从工厂直接出货至消费者手上。因此，Factelier创始人山田敏夫被日媒称为“改变日本成衣业的男人”。

体验和观察，实体店重新翻红

过去20年，被电商一路压着打的实体零售企业，如今却在新零售时代翻红。阿里巴巴开始在线下投资，陆续入股苏宁、银泰、三江购物、联华超市等中国实体零售企业。亚马逊不仅开起实体书店，甚至并购了“全食超市”（Whole Foods Market）。

中、美两大电商巨擘不约而同回攻实体零售，原因是什么？他们又看到了什么样的未来？事实上，电商即使发展得再好，目前占整体零售业也不到10%。市场研究机构eMarketer的报告指出，2016年全球零售市场规模约为23.78万亿美元，而其中电商的份额只有8.7%，即便到2020年也只占14.6%。要占更大的份额，电商就得从线上往线下去。例如美国生鲜食品市场，每年规模近8000亿美元，一直希望打造“一站式购物”的亚马逊，10年前开始在西雅图推出生鲜配送服务（Amazon Fresh）。消费者在线上订购后可直接至产品站取货，但碍于取货点太少，消费者始终对此项服务反应平平。直到亚马逊2017年收购以贩售高档食品著称的全食超市之后，才补足了这“最后一步”。对亚马逊来说，全食超市在全美拥有400家门店，等于让它多了400个生鲜取货点，同时也有助于吸引更多富裕的消费者前往Amazon Fresh，“体验”线上订货、线下随即取货的便利。

体验和观察消费者行为，是亚马逊进军实体店经营的主要目的。例如，在它的实体书店里，书价是跟着网络同步每秒浮动的，这种横跨线上线下的体验，初步做到了让消费者无须分辨线上还是实体的全渠道概念。另一方面，借由书店这个实体界面，亚马逊可以观察顾客线下的消费行为，描绘顾客的完整面貌。因为要做到C2B，无法忽略消费者线下的消费行为，而在传感器尚未完全普及之前，亚马逊通过建构一个特定场域，补足线下消费行为数据是可以想见的。

体验店和搜集消费者行为数据的场域，是实体店面在新零售时代被赋予的新价值，这也代表过去以数量多寡拼市场占有率的连锁店时代已经成为过去。事实上，美国知名的梅西百货（Macy's）在发展全渠道、新零售的策略下，2017年将关闭68家门店，未来也仅仅维持适当的线下运营规模。

正在加速发展的新零售时代，有人从线上走到线下，有人则是从实体回归网络，新的O2O平台也将适应定制化需求而崛起。例如消费者在O2O旅游平台上，设立“欧洲10天8夜、预算10万元、喜欢购物、博物馆”等条件，有意愿接单的旅行社就可以在此旅游平台上，依照顾客的需求提出相应产品。O2O平台应用面很广，可以向消费者收取定额手续费，也可根据每次成交金额向两端抽成。当这类O2O平台愈来愈多，除影响线下经济之外，很有可能也会取代现有的品牌官网，因为以前是消费者主动搜索他要的服务，现在则是由商家主动去发掘消费者的需求，并想办法符合其需求。

云端、互联网与大数据，正在把点滴的资源串联、整合、重新应用，进而改写市场规则。就如同贝佐斯在2017年致股东信中写道：“若你对抗趋势，就是与未来作对。”古老的零售产业将在此时再一次剧烈翻转，过去的成功模式，转瞬间就成了包袱。唯有打破现状、拥抱未来，才能跟随时代浪潮砥砺前行。

从线上到线下／创新案例 1

消费者才是零售业最好的老师
台湾最大瘦身平台：iFit 爱瘦身

小档案
成立时间：2012 年
主要产品：功能服饰
创始人：陈韵如、谢铭元
成绩单：2016 年营收 4 亿多台币

iFit爱瘦身2012年起以可爱插画图文，加上贴近减肥族的网文，吸引70万名粉丝关注。为服务粉丝而办起线上团购，进而推出自创商品，创立两年后，年营业额超过2亿台币。iFit在2016年开业第一家线下实体店，至今在台湾已有19家实体门店。

在开实体店之前，iFit已是电商界典范，它成功地把社群粉丝变现成企业收入，关键在于从创业的第一天开始，就在每位员工心里植入“会员至上”的DNA。

植入“会员至上”DNA

“我们是家完全依靠会员需求去产生商业模式和商品的公司，决定要卖什么东西，坦白说都是问粉丝。”iFit销售总监杨松镎说。以热销品Fitty压缩裤为例，市面上的压缩裤大多五颜六色，

iFit爱瘦身压缩裤却是清一色的黑色，看起来很无趣，但每月可以卖出一万件。“很多大尺码团员（iFit会员）告诉我们，除了黑色，她们根本不敢穿别的颜色。”杨松锌说，就算iFit不信邪，推出其他颜色，销量证明消费者也只爱黑色，因为黑色最显瘦。

不同于传统零售商从生产端出发设想消费者的需求，iFit反其道而行，从会员端看到需求，再设计生产。为此，iFit甚至成立了一批7000人的“敢死队大军”。他们在粉丝团上选出一群积极参与讨论的粉丝，邀请他们加入脸书的封闭式社团。这批敢死队不见得消费力最强，却是铁粉。杨松锌表示，在商品开发初期，这批粉丝愿意每月交99元，订购定期寄送的试用品，帮助iFit少走了很多冤枉路。

其实，每件试用品的成本都远超99元，但iFit强调，制作试用品不是为获利，而是为了获取建议。

在iFit，所有设计师都必须认同“会员至上”的理念，放下自我主义心态，倾听会员的需求。iFit的代工厂一开始也很怀疑这家创始人还不到30岁的小公司。iFit的CEO陈韵如没有纺织背景，竟然回过头来教他们怎么做产品！但几款产品大卖之后，代工厂发现iFit真的能掌握客户需求，便开始配合去改造产品。

至今，陈韵如依然每天要看客服汇报与会员意见，再转发至不同部门，并且协调确保会员的心声和需求都能被听到。

以消费者意见为先的逻辑让粉丝感觉被重视。现在，iFit

新、旧客比例为6∶4，他们将消费前30%的会员称为“超级会员”，超级会员的消费力比一般会员多出五成。为了这群超级会员，iFit还提供专属客服人员和新品抢先试用等额外服务。

消费者是最好的老师

花了三年时间，iFit站稳电商市场，确定以功能服饰为主力商品，到第四年它没有扩大商品线，反而开出第一家线下实体店。原本iFit把实体店定位成体验中心，还有营养师做专业检测，但后来发现大小约15平方米的销售门店才是客户需要的。确定开店形态后，iFit便在台湾不同商圈开“快闪店”，花了大半年从北到南进行测试，了解当地消费者需求并搜集大数据，且同步训练储备店长。从2016年初至今，几乎是以每个月一家店的速度，快速在台湾开出19家实体门店。

在开实体店的过程中，iFit董事长谢铭元坦言，过去做电商并不知道客户真正消费或不消费的原因，但通过一对一的接触，客户会告诉你，他真正期望的是什么。也因为跨入实体门店经营，以前只有电商经验的iFit得面临新的管理问题，包括库存管控、供应链管理和现场人员的教育训练等，这都是他们以前没有的经验。

谢铭元说，线上竞争讲究数据思维，特别有速度感。消费者从看见广告的那一刻开始，进入网站、浏览网页、添加至购物车、付款成功等，每个节点停留多久，都有数据可以追踪。换言之，经营线上电商只要能够掌握数据，谁调整的速度快，谁就能脱颖而出。

转换到经营线下实体店，除了系统、数据，现场实践更加重要，很多商品客户要现场看、现场触摸才有感觉。此外，可能门店作业流程都建立完备了，现场服务人员的一个表情，或一句问候语的语调不同，销售业绩就可能天差地别。因此，如何运用电商的数据思维，把实体店的人情互动带回线上，是虚实整合成败的关键。

他也特别强调，不管是实转虚、虚转实，最需要具备的其实是“开放力”，经营者一定要有随时归零的准备，并保持开放的心态“向消费者学习”，因为他们才是零售从业者最好的老师。

本文出自《商业周刊》1512、1522、1538期

从线上到线下／创新案例 2

傻劲搞定 IKEA 办不到的事
家具网养车队：东稻家居

小档案

成立时间：2006 年

主要产品：沙发、床垫等家具

执行董事：张修元

成绩单：2016 年营收 4 亿台币

台湾线上最大家具商东稻家居，在新零售时代的致胜关键，是选择做一件很笨的事情。

2006年，东稻家居执行董事张修元原本是在网络上卖美妆产品，因准备结婚，意外发现时尚家具在网络上仍是一片“蓝海”，因此和另一位创始人陈冠豪投入150多万元创业。他们专卖沙发和床垫两件最大体积的商品，理由不是理性的，而是看展考察后，商品进货是以一货柜为单位。他们天真地想，如果一货柜的货卖不出去，库存100张床垫比起500张餐椅“要销得快”！张修元至今想起来，仍觉得好笑。

两人很快尝到败果，不是因为没有订单，而是有了订单却没有物流公司愿意承接，于是他们找了外包司机合作，但问题连连。譬如货到付款，但司机拿走数万元货款后就消失，或者连车带货不知去向，更常见的是和顾客约定了送货时间却无法准时送到。更糟糕的是，东稻诞生于网络，同样都卖家具家饰，但他们就是和IKEA、特力屋或家具街的店家不一样，因为网购商品都享有7天无条件退货，实体家具店几乎零退货，但东稻的退货率是15%。

对消费者而言，东稻和卖女装、包包的网络卖家没两样，如果送货司机态度不佳如抽烟或打赤膊，可能导致顾客退货；有人甚至提出“把旧沙发搬走，我才要签收”的要求。以东稻第一年营收只有70万元来讲，光退货就能压垮他们。“送衣服的司机和顾客接触时间平均是一分钟，运送家具的司机停留时间平均是两小时。”张修元点出两者最大差异，也体悟出一件事：为了喝牛奶，东稻必须自己养牛。

建设物流团队做教育训练

2007年，东稻自建物流团队（事实上就是两位创始人和一台小货车），两位创始人自己送货，现场送货的经验让他们摸透家具设计与运送的关键。譬如住宅电梯高度平均210厘米，因此他们设计的沙发长度最长只能为200厘米；家住40年老旧公寓的顾客在送货前，必须请他们提供楼梯宽度。

一整年的苦力换来1500多万元营收，和第一年相比，业绩跃进数倍，两人十分兴奋，也证明线上家具市场的确有很大空间。他们也发现，原来家具司机不仅是司机，还必须是安装技师、客服专员，甚至是室内设计师。但这可不是买车、找人就能搞定，东稻为此设有物流组长负责教育训练，上课内容细到打招呼的礼仪，以及拆装商品的技巧。“目标是做到不让顾客投诉！”东稻物流长龚添华说。

此外，为了让司机与顾客在送货现场有标准化服务，东稻还有三位专员，专门称为“约订单团队”。商品在出货前，厘清顾客所有需求，让司机专注在搬运和组装上。十年来，东稻物流团队从两位创始人和一辆小货车，发展到20台货车和25名全职司机，平均每个月送13000件货物。

把线上顾客引来门店

机会是给有准备的人。东稻的物流优势关键转折点出现在2011年，东稻推出一张售价2499元的复古沙发床，两个月狂销2000张，占全年营业额的四分之一。“若没有自己的物流团队，爆款来了也赚不到钱！”张修元说。这一仗打响了东稻的知名度，同年，东稻在线下开出第一家实体店。如今台湾有4家实体店，2016年营收4亿元，其中一半来自线下门店，不用担心退货，也不用被大型购物平台抽成25%，让东稻迈向新零售战场。

和大型连锁家具商IKEA、特力屋相比，东稻实体门店顾客全来自线上，这是差异化所在。曾为特力屋操盘电商的富盈数据CEO 陈显立说，在网上搜索关键字“床头柜”先看到东稻，而非特力屋、IKEA，从线上形象识别度来讲，东稻与消费者的距离很近。

本文出自《商业周刊》1531期

从线上到线下 / 创新案例3

大数据做到店面零库存
男鞋网开体验店：Life 8

小档案

成立时间：2012年
主要产品：男性服饰、男鞋
共同创始人：林瑞豪、林瑞嘉、林瑞达
成绩单：2016年营收2.5亿元台币

走进Life 8位于绿园道商圈的男性鞋店，当你在架上琳琅满目的500多款鞋中锁定目标后，想结账时店员会告诉你——抱歉，现场不销售，请您用店内电脑或私人手机连到官网下单，2～3日会送货上门。

所以你有可能买了一堆，手上却一个手提袋都没有，而你的行为轨迹，包括在店内摸了哪一区的商品、行走的路线、在每个柜位停留的时间等，都已被记录下来，作为它下次开发商品或调整店内陈设的依据。这样的体验店，在台湾已经有7家。

大数据是核心竞争力

提到Life 8，多数人的印象是常看到的广告“国民男鞋”——高性价比、款式多样、“每日一款鞋”的快时尚。而快时尚背后，这家公司靠的是线上消费者大数据分析。用数据主导商品计划，不仅让库存周转天数短至40天，效率也是业界平均水平的两倍。数据分析也让他们的设计能力大幅提升，例如Life 8以前只敢开发黑色、咖啡色系皮鞋，尺码只做到5码，但它通过一次次分析，大胆开发墨绿色、蓝色系皮鞋，却意外受欢迎，尺码更做到7码，让难买鞋子的“大脚丫”男顾客，从此黏住Life 8。

如今，它更把这套数据分析能力及快时尚体验带到线下实体店，建立了台湾唯一“零库存”的O2O零售体验店。Life 8创始人、米斯特国际CEO林瑞达分析，如今网上广告费不断上涨，在网上取得单一客户的平均成本为200到300元，经营实体渠道虽然花钱，但成交转换率是网络广告的5倍，换算下来，在实体店取得单一客户成本只要100元，竟比电商还要便宜！再加上零售市场有90%来自实体渠道，“那为何不切入？”但电商从业者进军实体零售，就犹如小白兔闯入丛林，该如何应战？Life 8的策略是：放大优势、隐藏劣势。

店面就是信息搜集中心

从选址开始，Life 8分析了过去三年累积的数据，订单分布情况，选出主要销售地区。Life 8在每一家实体店都安装了摄影机用以记录顾客行走路线、停留时间；只要商品被拿一次，就有一次“相对位移”记录，从中观察商品受欢迎程度，再找出与订单成交的关系。

Life 8实体店每天根据数据分析去微调店内陈设。“就跟线上行为轨迹分析一样，能立刻找到黄金位置、黄金商品，把大数据化的核心能力放到店面。”林瑞达说。有一次他们发现，落地橱窗前的柜位每天都有许多人上前查看商品，但该区订单成交状况却不理想，于是便将该区原本贩售的休闲鞋换成运动鞋，成交率立刻翻倍提升。

此外，一般实体店面有30%空间用来放库存，也需要大量人力，来来回回帮顾客试鞋、找尺寸，但Life 8实体店坚持不在店内放库存，不仅可以提升空间的使用效率，还能精简人力。三层楼的旗舰店非高峰时段只需要三名店员负责介绍商品、解说购物方式即可。

因为不放库存、不卖现货，消费者要通过Life 8店内电脑，或者自行用手机连上官网注册、下单，一方面满足男性顾客对“无购物袋”新奇购物体验的需求，一方面又能掌握顾客的会员数据，而实体店面吸纳而来的新会员一旦养成在网上购买产品的习惯，Life 8在网络上取得客户的成本也会随之降低。

实体店也借此带来新的线上、线下会员行为。例如，不少熟悉网购的消费群体，有时候一边逛，一边就会扫描商品二维码，浏览Life 8官网，再回家下单。云端服务公司InMoment研究也指出，消费者若在实体店同时访问品牌网站，购买力可提升2.2倍。林瑞达笑着说，在体验旗舰店开幕前一周，他每晚都失眠，就怕消费者不接受这种购物模式，所幸，担心的事没有发生。Life 8在2016年下半年陆续开设6家体验店，下半年营收较上半年翻倍，全年营收达2.5亿元，上半年新会员占比为25%，下半年则提升至38%。

Life 8在新零售时代的探索证明了：面对全然陌生的领域，只要懂得取长补短，劣势也能变优势。

本文出自《商业周刊》1531期

制胜思维

从线上到线下

娱乐和温度、收集更多大数据

为什么要从线上开到线下？因为“钱”在消费者口袋里。那消费者又在哪里？即使是发展蓬勃，电商消费者人口大概也只占总人口的40%。要有更多消费者就必须从线上走到线下。

美国曾打造一个全都是自动贩卖机的超市，结果销售极差。因为消费者去商场买东西，看到“人”是非常重要的事情，即使没有跟任何店员和顾客互动，看到许多人也有一种“娱乐”的感觉。所以，电商要从线上走到线下，要注意服务业的温度，因为购物不只是购物，还要有一种互动的温度。

此外，人们到电商平台的主要目的是购物，所以平台收集的大数据，对消费者的描述是有所偏颇的。线上到线下对消费者的了解会越来越多。旧零售围绕商品，但新零售针对的是个人，当我们从线上和线下，收集到完整的个人化大数据，才能做到比消费者自己更了解他们，做到C2B模式强调的随时感知、即时响应。

从实体到网商／创新案例 4

大象也能跳舞 17 个月大洗脑运动
熬过转型阵痛：神脑国际

小档案

成立时间：1979 年

主要产品：手机及其他消费类电子产品

总经理：电商事业部单绍棣、渠道事业部总经理黄文祥

成绩单：年营收 340 亿元台币
神脑线上 App 上线首日 50 万个下载量
线上平台开卖首月 4000 笔取货订单

迎战新零售时代，重量级玩家转型更痛，一路都在面对决策的两难。成立38年的台湾最大手机销售商神脑国际，这场由新事业领军变革的企业创新案例就是典型故事。

神脑的变革来自经营瓶颈，2014年营收开始下滑，2015年更大幅衰退14%。更可怕的是，在这个追求跟顾客“黏在一起”的新零售时代，专卖手机号码的神脑的顾客“回购率”竟长达一年半（号码到期时）。作为渠道，它距离顾客竟如此遥远，不改变就等着被淘汰。于是神脑2015年8月启动变革，聘用雅虎奇摩电子商务运营事业部前总经理单绍棣，领军全新的电商事业部，而渠道主管则换上台湾大哥大前副总经理黄文祥。

脚底扎刺的大象能跳舞?

变革，从换新人开始。神脑CEO林保雍一口气聘用两位外部专业经理人，展现改变到底的决心。不仅如此，单绍棣还在2017年3月1日接任神脑整合营销部总经理与公司发言人，神脑的虚实渠道整合大计，由线上部门主管主导的态势完成。但是，大象是很难跳舞的，“他们（电商）要来抢我们业绩了！”黄文祥坦承，实体店人员一开始是抗拒的。2000名实体店业务员的反弹更像在大象脚底扎了一根刺，大象怎么可能有漂亮舞姿呢？

“传统公司设线上（部门），第一件事情不是对抗别人，而是对抗内部，这东西（线上业务）一出来，外面还没打仗，里面先打一仗。”单绍棣说。于是，神脑布局17个月，关键工作竟是对全员“大洗脑”，而背后的传教士团队就是单绍棣领军的80人电商部门，这是一场实力悬殊的对抗赛。

大洗脑，从沟通“为什么”开始。大方向包括“为什么我们要做电商？为什么我们要改变？”实务层面则包括“为什么实体店要帮忙推广App？为什么客人都上门了，还要鼓励他到线上购买？”对象从店长以上的中层管理者开始，除了每个月授课电商知识如资金流、物流，每天还要利用10分钟晨会做经验分享与交流，“几乎每场会议不管主题是什么，最后都要讲上几句电商。”一位神脑销售主管用“思想改造”形容这场全员运动。

然而，对一线门店业务员而言，有效的洗脑必须搭配适宜的管理手段和奖励制度。为此，神脑调整了2000名业务员KPI（关键绩效指标）的计算方式，只要他们引导顾客注册成为神脑线上会员，该顾客未来在线上所有的消费，将有一部分成为他们的业绩。尽管祭出萝卜，但仍有店员实际服务“线上下单、到店取货”的客人时难掩伤心，“这本来是我的业绩……”黄文祥立刻洗脑：“客人到店取货就认识你了，你还可以卖他手机膜和配件，跟客人黏度变高了。”

洗数据省下6000万

历经一年半的大洗脑运动，神脑成功把既有的150万会员的三分之一，转换成线上会员，让神脑线上App在上线首日，就有50万个下载量。而线上平台开卖一个月来，300家门店有4000笔“取货”订单来自线上。改变带来小成效，神脑2017年2月营收比去年同期增长了2.9%。“这些数字让门店（业务员）慢慢感到线上（平台的）可爱。”黄文祥边说边笑。

你若以为这场大洗脑运动光靠不厌其烦的“说”，那就错了，因为背后是单绍棣启动了43个信息系统方案“练”出来的。其中最苦的是他发现，神脑成立38年、累积的200万条会员数据竟然是没有用的，“因为他们没有CRM（顾客关系管理）的概念，以前搜集很多数据是为了KPI交差了事。”

“留了顾客电子邮箱，却少了@，一看就知道是错的。”为了确认200万条会员数据哪些是对的、哪些是错的，单绍棣启动的方案包括“除错系统”，建立一个电脑系统来协助辨识与比对会员数据的正确性，他称为“清洗数据”。此事耗费五个月之久，200万条数据“洗去”50万条，原来，竟有四分之一的数据是错的。但这样做是值得的。因为如今网上已经挤满逾400万个App，取得一个App的下载成本截至2015年已经达到最高4美元。如果没有这项步骤，神脑若要取得50万个线上会员，代价就是付出6000万元。

这个惨痛经验，让神脑改革了门店沿用数十年的会员格式，删掉一半栏位，只留下姓名、电话和电子邮箱，门店人员的作业时间也从六分钟缩减至两分钟，不再将其视为苦差事。

大象学跳舞，很难。但从它历时17个月的3000人大洗脑，让我们看到打造新零售的难度，以及背后非常重要的关键点：只有重新设定思维模式，才能突破决策的两难。

本文出自《商业周刊》1531期

从实体到网商／创新案例 5

光华商场老店创 40%成交率
大数据管会员：良兴电子

小档案

成立时间：1973 年
主要产品：线材、键盘等电子产品
总经理：赖志达
成绩单：2016 年营收 13 亿元台币，连锁 3C 渠道毛利率最高

良兴44年前从台北光华商场的“良兴电料行”起家，是销售电子零部件的专业门店，极盛时期它一年可卖4亿元的数码相机，台湾每十台数码相机，有一台是它卖出的。

但极盛也是衰退的开始，更是转型的契机。2005年，3C渠道竞争激烈，当竞争对手灿坤的展店数进逼200家，良兴创始人林万兴借鉴美国电子商务蓬勃，毅然决定成立良兴购物网，成为台湾3C渠道跨入电商的始祖。主导良兴转型大计的是出身信息主管的总经理赖志达，12年来，良兴所有信息系统从POS（销售终端）、ERP（企业资源计划）到CRM（客户关系管理）等，全部不假他人之手，为发展O2O奠定深厚的数据底子。

现行传统零售企业跨入新零售最大的困难在于会员管理，会员是谁？如何引导既有会员注册线上会员？线上与线下会员数据能否同步更新等。“这是基本，但却很难。”良兴电子企划处经理黎美秀说。光是人们的“联络方式”从市话进展到电

子邮箱再到手机号码，“你如何判断现在用这个手机号码登录的会员，和过去用某市话登录的人是同一个人呢？”

线上工具召唤会员

让会员线上线下无缝接轨，良兴练了12年，更为此开发了四五个比对系统，即时更新会员数据。“让电脑比对不难，难的是管理者要意识到人们的沟通方式改变了。”黎美秀说。

“它很老，却是我少数看过数据化管理最彻底的公司，”生意都围绕在电商从业者，有着“台湾最会发电子邮件广告的男人”称号的飞信信息共同创始人李振玮如此观察。也因为它知道40万会员的面貌，以及他们的购物行为，精准地把他们的口袋挖深，所以良兴2016年营业额达到13亿元，并以19%毛利率领先业界。

不管你从门店或线上加入良兴会员，入会第1天会收到良兴发出的“欢迎信”；第7天会收到“感谢信”，告知会员权益；1个月后，你会收到红利金并夹带促销信息。3～6个月后，你会收到优惠券，最高金额可能是1000元。如果你仍不为所动，良兴会把你列入观察名单，1年后你仍没回购，就把你归入“沉睡会员”，暂时不打扰你，而把心力放在“清醒”的会员上。

关键是入会3～6个月的会员，赖志达说：“以3C商品特性，好的会员大概每3～4个月回来购物一次，这个阶段的会员最容易被召唤。”相较现在购物平台广发优惠券，良兴的做法就是“精准营销”，不做无效的会员关系。

客户经营交给线下门店

良兴用线上工具召唤会员，但把经营会员关系的工作交给线下门店人员。2015年首创购物网的专人服务，线上消费者有任何疑问，可点选门店并留下电话，在上班时间内，10分钟内会有门店专人回电答复。其实，触发良兴设计这项服务和门店衰退有关，“门店10点到下午2点基本上都没顾客消费。”赖志达说。为了不浪费闲置人力，良兴把线上客服交给门店人员，配套措施是线上业绩让门店人员分一杯羹。

祭出萝卜后，这项服务效果惊人，成交率高达40%，远超出良兴门店20%的成交率，以及良兴购物网1%的转换率。当服务变积极，消费者黏度就会提升，这就是“服务”的价值。因此，尽管电商当道，赖志达仍致力提升“面对面”服务。三年前，他再次召唤数据之神，让电脑比对打有统一编号的发票，从中找出良兴的目标企业客户：中小企业，再交由门店业务人员主动出击拜访，这项业务营收每年以100%的增长率增加。

数据，也让良兴更准确地找到实体渠道的销售方向。有别于一般电子生产商以消费型电子产品如手机和笔记本电脑为主力，良兴因为了解会员，进而敢把经营重点放在“高毛利低单价”商品上，仅电竞周边，良兴一个月可以卖上千万元的如键盘、耳机等产品，“应该没有人比我们更有效率了。”赖志达说。正因为如此，当其他公司实体渠道衰退时，良兴去年实体门店营收却逆势增长5%～10%。

新零售时代，虚实渠道界线应模糊，消费者良好的购物体验最重要，数据只是帮手，良兴在此做了最完美的演绎。

本文出自《商业周刊》1531期

从实体到网商／创新案例 6

服务业科技化营收逾 600 亿元
量贩店变智慧店：家乐福

小档案

成立时间：1959 年创立于法国

台湾总经理：贝贺名

主要商品：食品、生鲜、家用品

成绩单：在台湾 2016 年总营收逾 600 亿元台币

地位：欧洲第一、全球第二的零售集团

走进家乐福主打的“智慧量贩店”桃园八德门店，眼前是AR穿衣镜、虚拟投影足球场等高科技娱乐装置，一靠近零食区，手机上还会自动跳出Wi-Fi推送广告，提醒你：“某牌饼干买一送一！”在市中心区、住宅区或学校周边，还有比便利商店稍大一些的“家乐福便利购”中小型超市，亮橘色招牌，往往在7-11便利店或全联超市隔壁。

这就是来台湾28年的家乐福的最新面貌。

据统计，台湾超市行业营收已连续10年呈现正增长，2016年增率约4.6%，但各品牌连锁店数却自5年前就陷入停滞。唯有家乐福一路“暴冲”，不仅创下两年内开出24间店的纪录，去年营收更是突破600亿元，增长逾5%。网购大军入侵，家乐福看到了什么机会，逆势而为？

增设中小型店

2015年贝贺名（Rami Baitieh）接手家乐福台湾总经理，和多数企业领导人不同，贝贺名的名片上直接印着他的手机号码。他很愿意和消费者、一线员工交流，平均每周都会收到三四封“意见信”，他会一一回复。刚上任时，因为不会说中文，他坐上计程车后总会直接说“家乐福”，看司机载他去哪。一切随机，卖场根本无法事前准备。

家乐福公关经理何默真回忆，贝贺名曾在前年店长会议中，找来一名从不在家乐福购物的消费者分享。这名女性已婚，是双薪小家庭，直言量贩店商品量过大，每次都得逛很久，不如网购。“那对自居业界龙头的我们是很大的冲击！没想到真有人不需要大卖场，这种生活形态的人只会越来越多。”

为挖掘更多隐性需求，贝贺名持续随机巡店，五个小时可连跑三家分店，看见值得鼓励或需要改善的人、事、物，就拍下来上传到家乐福主管群，曾在一天内传送近百张照片。有一张拍摄停车场喇叭的照片，下方写着：“喇叭在播放音乐，夜晚停车时能增加安全感，点赞！”另一张照片拍摄停车位，墙壁上有几道刮痕，他又写：“可能刮花了客人的车子，墙面应安装防护软垫……”处处巨细无遗。

发展中小型店的策略，让家乐福去年营收大涨。贝贺名透露，这是全球性趋势，因为这是个对“方便”的追求非常极致、标准非常高的时代……服务业反应一定要及时，否则，消费者很快就会找到更方便的方式！

服务业科技化

急速改革让家乐福动了起来，但也难免遭逢抱怨。贝贺名坦言，到现在仍有员工不愿改变，“我只能用行动让大家知道，老板是认真的！”一年下来，家乐福实体卖场投诉率降低30%，顾客感谢函更增长了80%，但下个挑战是从实体到虚拟。事实上，法国家乐福总部原以重视“服务业科技化”闻名，每年固定参加法国最大创新科技展Viva Technology。而这一次，家乐福更是喊出打造“智慧量贩店”，一口气推出Wi-Fi定位广告推播、客流分析、室内空气品质检测、顾客满意度调查等六项新技术。

研华科技智能物联网服务事业群副总经理江明志分析，这类“实体渠道结合虚拟科技”技术，可分为两个阶段。一是互动体验，如AR穿衣镜等，有助于提升消费者进入实体卖场的意愿；二是长期收集大数据，借此获得客户潜在需求，如客流分析，通过预测卖场高峰时段后，导入排班系统，预先调节现场人力，“家乐福已走到第二阶段，等于是online和offline模式的结合了。”

贝贺名坦言，零售的定义正在改变，特别是在这个对“方便”如此敏感的时代，未来还有非常多可能性，“我们能做的，就是随时准备改变”！

本文出自《商业周刊》1549期

制胜思维

从实体到网商

不是企业流程再造，而是范畴再造

从实体店面到网商，很容易陷入把电商当成“工具”来使用的窠臼。旧零售的思维是卖东西，即使经营电商，仍把电商当成一个接触消费者的渠道或工具，来帮助销售，像沃尔玛的电商就是这种概念。新零售却不是这样。新零售是以人为中心，重点是个人的价值满足。例如亚马逊并购全食超市，不只是要建立一个新渠道，而是要把全食超市加入到现有的商业生态系统里，产生新的应用。零售商从实体到网商，大概会经历三种改造阶段：

1. 企业流程再造：销售流程从实体变成虚拟。

2. 企业网络再造：因为有了互联网，企业必须重新思考和供应商、客户的关系。

3. 企业范畴再造：这是最重要的，既然是以消费者为核心，就不再是以我自己企业的物料为核心，所有的流程改造和产品范畴都是要打破原来的疆界，围绕在客户的价值上。

沃尔玛的电商是企业流程再造，亚马逊的电商是企业范畴再造，那么当你要从实体店跨入电商，又该处于哪一个阶段呢？

O2O平台／创新案例7

一枚小贴纸连接线上线下 全球最大美妆评论网：@cosme

小档案

成立时间：1999年

创始人：吉松彻郎

主要商品：美容产品

成绩单：每月活跃用户数逾1400万

2016年iStyle营收143亿日元

根据日本观光厅的数据，人们去日本旅游最爱买药妆品，药妆商店更是人们去日本的必备行程。而在琳琅满目、推陈出新的日本美妆保养品中，许多女生都会注意到一个贴在商品上的小贴纸："@cosme"，标示着该商品是某年度的第几名人气商品，让人在众多商品中，一眼看到最受欢迎的是什么。

其实，我们是数据公司

这枚小贴纸，背后代表的是足以左右日本美妆美容业的@cosme网站。三分之二20～39岁的日本女性每个月至少会逛一次@cosme网站，它也是全球最大的女性美容产品数据库，创立于1999年，至今累计有27万篇评论文章、1300万条商品评价，每月活跃用户数高达1400万，而在线下，全日本营业额最高的药妆店也是它的。

在日本，一年一度的@cosme美容大奖，成为美妆界奥斯卡的代名词。

2016年，iStyle营收143亿日元。它的办公室风格素雅，完全看不到任何化妆品或保养品，有四成以上的员工是男性。“表面看起来我们好像在经营一个网站，但过去十几年以来，我们一直都在做数据库，其实我们是一家数据公司。”26岁就创办@cosme的吉松彻郎说。在@cosme的数据库中，光是年龄、性别和肤质三个维度，就可以组合出840种不同类型的消费者，这还不包括每名消费者的购买和使用商品的行为，以及多达27万种的商品数据。

不懂美妆，却预见电商趋势

社长吉松彻郎原先从事顾问业，是美妆保养品的门外汉，促使他创办@cosme的动机，其实是亚马逊。他看到亚马逊的商品页面下方，都有消费者评论，他有预感，电子商务将会成为未来的趋势，但要在网络上卖什么呢？他发现，当时日本化妆品产业一年的营销额为3000亿日元，他认为，随着未来网络营销比率提高，只要能吃下1%的营销额，一年就有30亿日元，于是，他选定化妆品产业切入，投入300万日元创业。

但1999年，日本女性使用网络的人数仅为1.9%，评论网站（review site）还是非常新颖的概念，连创业伙伴都不了解@cosme到底是什么网站。隔年网络泡沫爆发，吉松马上面临找不到人和资金的问题。“我有一个半月发不出员工薪水，请人家来公司上班，只能给他一半的薪水。”吉松彻郎笑着回想刚创业时的惨况，“于是员工说，那上班三个月后，你要买PS2（编者按：Sony出的游戏主机，现已停售）和自行车给我。”

该公司第一年亏损4000万日元，第二年亏损8000万日元，第三年一笔1亿日元的资金进来救急，@cosme才终于开始获利。“那时候我才26岁，还好我们一路走到了今天，现在我还是觉得很神奇，很像电视剧。”吉松说。

不与厂商为敌，累积关键数据

虽然吉松彻郎创业的切入点，是想在网络上贩售化妆品，但他明白若一开始就这样做，会直接和化妆品企业为敌，于是决定从累积数据着手。因化妆品厂商最需要的，就是对手的消费者信息，在十几年前，还没有任何一家公司能做这种跨品牌的消费者数据研究，吉松知道，一旦掌握了关键数据，化妆品厂商就不能没有它。为了确保数据的公信力，@cosme用一套相当复杂的算法，过滤厂商花钱购买的评论和不实评论，并且从2002年开始制作@cosme大奖排名及商品认证标志。为了确保算法的中立，就连吉松本人都不清楚排名的生成逻辑，“这是秘密。以我的身份，品牌商会一直要我调高他们的产品评价，但是，我从来不会牵涉到评价当中。”

有一个很有趣的例子，是资生堂一款销量很好的精华液，到了@cosme网站，评价却很差，社长曾困惑地跑来质问吉松彻郎。但他们研究数据后才发现，原来在网络上写差评的人，是在资生堂专柜拿到试用品的二十几岁的客户群体，这个客户群体并非该产品目标客户，但专柜人员因业绩压力，却还是把试用品发给他们，于是造成了该款精华液在二十几岁群体之间评价不佳的情况。因为得到了对客户的深度分析，让资生堂放弃了重新开发该产品的想法。

@cosme商品认证，是它最早的O2O策略，但吉松很早就在思考，应该如何把其影响力延伸到线下实体店，他曾尝试在店里放屏幕播放@cosme排行榜和在店里设实体排行榜，但最后成功的却是其排名贴纸。“消费者拿到一个商品时，就是我们最靠近他的时候，因为有很多@cosme的使用者会在店面查询商品评价，我们干脆把标签放上去。”吉松彻郎说。

没想到后来这个标签竟成了畅销商品的护身符，曾经有一款卸妆油因为贴了@cosme第一名的标志，在一个月内销售量增加了3～4倍。化妆品公司开始纷纷向它请求取得贴纸的授权，@cosme于是开始收取标志授权费。

做认证标志，开店面卖体验

取得化妆品厂商的信任之后，@cosme随即开始在网络上贩售化妆品，而且网络售价和实体店一模一样，因而化妆品厂商没有抵制。2007年，他们甚至在东京新宿开出首家线下实体店“@cosme store”，这家店后来成了日本药妆店店王，一年冲出14亿日元营业额。实体渠道和电子商务是完全不同的逻辑，但@cosme竟杀出一条生路，《日本经济新闻》将其评为日本最成功的O2O案例之一。

@cosme实体店的目的并非创造规模经济，而是打造体验，甚至国际专柜产品，也带进店里提供试用、比较，让消费者货比三家更省力。十年来，@cosme在日本开了20家店。综观iStyle的财报，目前有一半的营收来自电商和实体店面销售，网站营收占近四成，但网站营收贡献的营业利润却是电商和实体店面相加的7倍，其中实体店面的销售额又占其商品销售总额的八成以上，可见实体店面贡献的营业利润于iStyle并不多，但却是扩大其线上品牌形象的渠道。

吉松创业之初便认为经营一门生意的成功之道，并非拥有该产业的人脉和知识，“而是针对消费者的营销，能看出来今后会有什么样的变化。变化的过程中有什么问题会发生，如何去解决……如此，就算是过去没有相关经验，还是很有机会的。”他接受《日本经济新闻》采访时如此说。

对陌生领域不熟悉，从来不是遏阻创新的好理由；让一家公司成为伟大企业的，是精准洞察消费者的需求，并且付诸实际行动提出解决方案。

本文出自《商业周刊》1539期

O2O 平台／创新案例 8

腾讯、百度抢投资的“医界论坛”从医生的需求出发：丁香园

小档案

成立时间：2000 年（2006 年商业化经营）

创始人：李天天

成绩单：2015 年营收逾人民币 1 亿元

用户数逾 1500 万（含微信端用户）

“丁香园”乍听起来像餐厅，其实是线上医疗龙头。德勤中国（Deloitte China）的研究报告指出：近年来，中国的医疗卫生消费能力虽急速增长，但官方最新统计指出，中国人的医疗卫生消费总额占整体GDP比重仅为5.6%。倘若中国的医卫消费总额占整体GDP比重能在2020年达到国家卫生和计划生育委员会规划的6.5%以上的目标值，医卫消费市场将达到人民币6.2万亿元以上规模。

曾靠捐款撑营运

李天天创办的丁香园，听起来虽像是一家“餐厅”，其实是线上医疗领域的龙头，全国共有270万名医生，其中200万名医生是丁香园的会员。

这个堪称全世界最大的医生社群网站，吸引了阿里巴巴、

腾讯、百度等网络巨头的注意。2014年，即使丁香园的营收不到亿元，也吸引腾讯砸下7000万美元投资。李天天接受《商业周刊》专访时直言："要管理一群医生，相当不容易。"不过丁香园自有一套做法，而这套做法单纯得令人出乎意料，那就是：建立一个让医生自主治理的体系，长期坚持，得到认可和信任。

丁香园，是李天天16年前攻读哈尔滨医学院时，架设在网易论坛上与同学分享医学信息的一个空间，后来人气逐渐升温，慢慢发展为医药学术交流论坛。他就像是个创版人，让医界人士分享专业信息，成为各版的版主，义务、自主管理。他能让这些中国各省市如天之骄子般的医学生参与网站，甚至成为他的版主、自主管理的秘密，就是与网友面对面交流，还让他们互相打分数。

他每年都要在各地亲自会见几十个医生网友，"我只要出车票钱，吃饭、住宿都有人包了。"李天天回忆，当时他只是个穷学生，医生、网友个个都比他有钱，所以他去见网友都不愁吃、不愁住。而且，他了解医生渴望获得其他医生认同的心态，所以他让网友可以互相评分，医生们为了取得别人的认同，就更加愿意分享专业医疗的信息，"这会让他们有自信的感受。"无形中也强化了丁香园在医生社群的向心力。

这个庞大的基础，最后让李天天在2006年决定放弃即将到手的医学博士学位，走上创业这条路，丁香园从靠网友捐款为生转型为商业化经营。不过，这对李天天来说，却是另一个挑战的开始。为了抓住医生的认同，丁香园不能过度商业化，它拥有庞大的专业会员，目前不收广告费，以B2B（企业对企业）获利模式为主，包括帮医药企业采购材料；帮生物技术公司买试剂、耗材，但营收增长缓慢，李天天一度抵押房子，才能支付员工薪水。

直到成立逾15年，丁香园的营收才突破1亿元。中国网络界称丁香园为“慢公司”。李天天坦言，中国的互联网公司营收年增长率动辄三位数，“你增长100%，投资人还会问，为何不是300%？”与同业相比，丁香园的增长堪称龟速。

策略营造医患关系

尽管丁香园在中国网络圈中，营收和增长率都不算突出，但中欧国际工商学院战略学副教授陈威如指出，与中国另两个移动医疗网“好大夫在线”“春雨医生”相比，这两家都是从病患端的服务开始发展，唯有丁香园是从医生的需求出发。

以病患数量而言，丁香园虽不如另两家，但由于策略细腻、有层次，在医药专业形象的基础下，先从医学界着手，把服务延伸至病患端，病患数急起直追，成为目前三个平台中唯一盈利者。为了抓住医生，维持网站内容的专业度，丁香园的内容编辑团队超过50人是医药科系背景，为每篇文章把关。

李天天说，丁香园按照医生的学术分工，共超过250位版主。版主除了管理讨论文章，也负责为各医生网友们发表的文章评分，所有人可以给积分最高的医生鼓励。通过长年实际面对面的互动加上虚拟的积分制，这15年来，丁香园就在李天天与医生们打下的互信基础下，筑起一道最坚固的竞争屏障。

现在，中国人口老龄化问题凸显，中国的“在线医疗”成为新的热点，“腾讯投资我们，就是为了卡位。”李天天直言，在腾讯之前，百度、阿里巴巴也都找上门，提供的条件并不逊于腾讯，但李天天着眼的是，腾讯对医疗产业长期投入的热情和长远的眼光，“医疗不是traffic driven（流量导向），口碑更重要，还要看与其他产业的连接能力。”

丁香园借助腾讯的微信平台，可连接政府、医院、医护人员、病患、商业保险等，各方进行互动，甚至跨领域合作。目前，丁香园在微信端的用户，已突破千万。

先虚再实布局O2O

由目前结果看来，丁香园的选择是对的，除了微信的平台优势外，腾讯在医疗界的经验和人脉，也明显有益于丁香园。举例来说，李天天曾参访台湾的知名糖尿病医院游能俊诊所，亲眼看到医护人员陪病患买菜、讲解其食物营养成分，无微不至的服务让他称赞不已。能与游能俊诊所接触，正是通过腾讯的接洽与安排。

支付宝前技术团队成员、现主导丁香园技术开发的冯大辉说，丁香园通过像“丁香医生”（提供患者一对一医疗咨询服务的App）这种自行开发的软件，帮助患者提升就医效率和体验，而这是其他诊所做不到的事情。从网络起家，挟着庞大的医生社群资源，丁香园反其道而行，宣告要从线上跨足至线下，过程中面临不少质疑声，但李天天坚信：从事医疗行业，与病患的真实互动才是根基。2016年1月成立实体的“丁香诊所”，成为丁香园从“B2B”跨足到“B2C”（企业对消费者），建立起医疗的O2O（线上到线下）模式的里程碑。

猎豹移动副总裁金磊认为，医疗行业是有收费基础的。这也是未来产业网络化后，相当具备潜力的新金矿。丁香园凭着其医生社群资源，持续进行跨业结盟，不断从企业端挖金矿，最新合作对象就是保险公司。它与腾讯、众安保险合作，通过腾讯“糖大夫”为糖尿病患者检测，丁香园通过长期累积的大数据分析能力，根据检测结果提供适合的健康管理方案。

对于众安的保户来说，每次按照要求进行测量，可获得一定金额的回馈保费，理论上血糖越正常，发病可能性越低，这减低了保户的发病概率，自然降低了保险公司的理赔金，促成了多方共赢的局面。

本文出自《商业周刊》1481期

O2O 平台／创新案例 9

去中间化重塑旅游业生态 瞄准逾六成自助客：KKday

小档案

成立时间：2014 年

创始人：陈明明

成绩单：台湾第一个 Local Tour 电子商务平台

体验行程逾 6500 个，服务 174 个城市

去日本赏樱花，到澳洲看企鹅归巢游行，探访澎湖的蓝洞秘境，这些行程安排都是旅行社的拿手绝活。但是这些行程真的非旅行社不可吗？这个游戏规则正在颠覆中。亚洲最大旅游体验平台KKday，成立才短短几年，营收成倍增长，海内外旅客通过他们，购买一个个旅游的“零件”，自行组成一个行程，它的热度代表着旅行社面临的挑战。

全世界的旅游网站包括亿客行（Expedia）、安可达（Agoda）、好订网（Hotels.com）都在想尽办法从传统旅行社的身上挖一块肉。现在，旅游可以完全被拆解成“机票”“住宿”“行程”三大块，从在地行程、当地交通与餐食、人文体验等，无须再通过旅行社的套装行程，消费者就能够来一场真正说走就走的“自由行”。

越来越多的人选择自由行，让新创旅游平台锁定20～50岁的旅客，抢攻传统旅行社的生意。新创业者“去中间化”的能

力，正逐渐瓦解旅行社的一块块服务版图。KKday CEO陈明明观察，当新形态O2O电商将旅游行程拆成零件、分开贩售时，最大的特色就是“不用落地，就能把市场抢掉一大块”。

拼装式服务更弹性

有别于贩售套装团体或机票加酒店行程的传统旅行社，KKday将“行程”拆开出售，包括机场接送、景点门票、体验工作坊等，提供给旅客个性化的旅游体验，即使旅客只有一两个人也能订购出行，依淡、旺季还有不同定价。

这种打破套装，拼装式的弹性，正是侵蚀传统旅行社业务最大的杀手。过去，消费者想到日本包车赏樱，得先跟旅行社、线上旅游网（OTA）确认人数是否足够成团，再委由日本当地旅行社执行；当KKday、途牛、携程等体验行程O2O平台出现后，只要通过它们，旅客就能找到包车公司、合作景点，缩短旅游供应链、加快速度。

面对不断增长的自由行市场，早在2006年，像可乐旅游这类的大型旅行社已开始朝线上电商平台发展，希望在不断贴近用户需求的过程中，借由消费者的意见反馈，找到新的产品线，进行产品优化。也就是说，在大型旅行社眼中，线上平台扮演的是搜集消费者反馈的角色，来强化团体旅游的顾客黏度。因为大型旅行社认为网络平台多以自由行的散客为主，而传统旅行社则以团客为主，客源层不同，所以在上游采购时，更能以百万客户数，以及频繁出团的稳定度，获得独家商品来做出市场细分。

例如，日本大阪环球影城的哈利·波特主题园区开幕时，因人流过大，一般旅客排队难以入园，可乐旅游凭着庞大的团客优势，独家争取到快速通关券，旅客不管是团客或是自由行，凭快速通关券保证入园。

但是在新的竞争规则下，旅行社从业者面对流失的自由行客源，必须重新定义自身价值。“传统旅行社的角色，不再是价廉物美的定位。”台湾政治大学科技管理与智慧财产研究所教授邱奕嘉建议，传统旅行社可通过举办达人分享的实体讲座，吸引客源，也能经营机关团体、企业的奖励旅游，或是马拉松、高尔夫等主题旅游市场，以线上、实体并进策略，将散客与团客相互导流，甚至给予红利或折扣，才会找出一条新的出路。

本文出自《商业周刊》1543期

制胜思维

O2O 平台

新零售平台演进三步骤

最近平台经济非常热门，但马云却说，未来没有电商平台，那么新零售的平台经济是什么呢？可从平台演进三步骤来看：

1. 电商平台：20年前电商平台有点像是传统市集，汇集买方跟卖方“多对多”的关系。对买方而言，一次购足可享受到规模经济；对卖方而言，可接触到更多流量。平台本身有品牌，消费者相信电商平台的商品品质会受到管理的保障。

2. O2O平台：是以消费者为主角的“一对多”关系。过去电商平台发展蓬勃，导致了平台太多，不同平台又有不同的App，让人们不胜其扰。这时候，实名制，又有消费者账户的O2O平台，比如支付宝，可成为单一入口，进去之后就拥有叫车、订餐等App的功能。

3. 智能平台：在O2O平台，消费者还是要面临太多的选择，新零售最后应该会出现人工智能平台。智能的定义就是，机器帮你做选择，利用大数据分析，自动帮你选出最适配置。

Consumer to Business

Tomorrow

明天

新制造

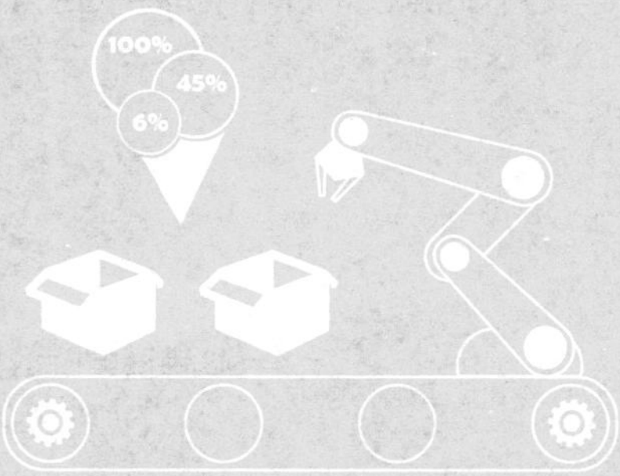

破坏性的科技应该被视为
一个市场营销上的挑战，
而不是技术上的。

Disruptive technology should be framed as
a marketing challenge, not a technological one.

——哈佛商学院教授克里斯坦森——
《创新者的窘境》

第三章

更具挑战的新制造

《商业周刊》在短短一年内，三次以封面文章探讨“新制造”。第一次报道从一张耐克（Nike）下在墨西哥的订单开始，进行长达半年的追踪。鞋业，是制造业中劳力使用最密集的产业，一双球鞋生产出来要经过400个人力，复杂度比手机还高，一部小米手机生产只需经过100个人力。按理说，这应是最难被机器人取代的产业，但此时竟最先被革命。更让人意外的是，从耐克到阿迪达斯（adidas），这些大厂发展智能工厂，所挑选的新合作伙伴名单里竟然没有传统的鞋业代工大厂，而是曾帮戴尔、摩托罗拉生产手机的电子代工大厂伟创力。**在新制造浪潮下，制造业最擅长的成本、劳力等管理优**

势，其商业价值正被残酷的现实重新检视。

多品类、小批量的快时尚当道

颠覆传统制造业游戏规则的并不是技术，而是消费趋势。因为互联网，零售渠道已由eBay、亚马逊和淘宝等电商平台取代；电商平台里的买卖双方更容易对接，使得过去受限于经济规模的小生意、个人化商品得以出现，长尾化、个性化的消费成为常态。以淘宝为例，每天同时在线商品数超过8亿件，这8亿件商品代表的是，消费端的个人化需求愈来愈蓬勃。以女装来说，淘宝上固然有销售数万件的爆款，但更普遍的是，一款女装销售百余件就会下架，改换新款。这种快时尚消费不只出现在服装业，鞋业也是。现在耐克新品上架，只要45天没卖出去，就会打六折放到奥特莱斯（Outlets）销售，厂商必须快速更新商品的款式。近五年，耐克每季上架的款式数量，都以三成的速度增长。

马云从“双十一”生产跟不上销售的现象，观察到大量分散的个性化需求，已持续施压于销售端，再从销售端逆向推动到制造端。因此，制造端在生产方式上必须具备更强的柔性化（弹性）能力，并将进一步推动整条供应链乃至整个产业，才能适应“多品类、小批量、快翻新”的消费需求。然而，目前制造端明显受到传统生产模式的制约，因为多年以来，大多数

	大规模生产	大规模定制	C2B模式
时间	20世纪初	21世纪初	开始出现
供需	供不应求	供过于求	个性化需求
市场	均质化	碎片化	个人化
消费者	孤立、被动	参与部分设计或生产	主动的深度参与
产销	推动式	拉动式	互动式
企业	零和博弈	合作共赢	生态系统协作
利基	成本、品质	成本、品质、速度	体验为王

图3-1　从工业时代到C2B时代的生产模式

制造业还在工业时代的生产模式里，其设备、技术、流程、制度、理念，都是为了规模生产而准备的，要满足个性化定制需求，达到“弹性化生产”，几乎是不可能的。

多品类、小批量订单对制造端的意义是，产品要求更多，对工人技能要求更高，最好是一个人会操作多种机器，而非单一工种，这等于在波动很大的劳力市场里投下新变数。此外，个人化订单相对零散、无计划性，供应链的备货、工期安排都是一大挑战。最重要的是，成本控制困难，个性化定制要求的备料品类多，但单批量不多，很难形成采购规模效益，导致制造成本大幅攀升。以每年需要出货3.5亿双球鞋的耐克为例，想要降低人力成本和制造成本，一是摆脱低价人力只能在亚洲生产的困境，二是从材料开始创新。所以，耐克先是在2012年推出针织网面鞋，简化制作流程以节省三成人力。之后在2015年宣布与伟创力达成战略联盟，以智能工厂革新整个制鞋的流程和供应链。

第一步，弹性化生产

然而，弹性化生产只是迈入新制造的第一步，因为我们刚刚提到的，仅限于电商平台、快时尚趋势对制造端的影响。**未来新零售，将会是线上电商、线下门店、随身购物三者深度融合的个人化订单**。例如，在阿迪达斯描绘的消费蓝图里，你只要用手机的镜头扫描脚，电脑就会帮你计算正确的尺寸，你可以在手机或电脑绘制属于自己的鞋子。然后，走进阿迪达斯商店上传你的设计图，并且下单，在你家附近的智能工厂里，机器人就能通过联网装置、机械臂、激光与影像定位，生产出专属于你的跑鞋。

也就是说，过去传统制鞋需要18个月才能从设计、制造到上架。未来，大厂设定的目标是：一天。制造商要怎么在短短一天内，具体响应消费者的个人化定制需求？它必须要做到：随时感知（Sense）、智能判读（Intelligence）、快速响应（Response）。

如果没有在零售端布建大量传感器，通过大数据分析，制造端就无法在第一时间得到消费者的需求；同样，如果没有在工厂里布建大量传感器和通过大数据分析，制造端也无法快速改变生产流程，响应消费者的需求。这就是商业互联网和工业互联网的对接。其实，不管是马云说的“新制造”，还是德国喊出的“工业4.0”，其基础建设都是“工业互联网”，属于上游制造端的范畴。**目前的情况是，商业互联网的应用较为普遍，但多在价值链下游，也就是销售、服务端，并没有连接上游的制造与产品设计端。也就是说，商业互联网与工业互联网尚未有效结合。**

第二步，建立工业互联网

商业互联网连接的是人（P2P，Person to Person），而工业互联网连接的是商品、设备与机器（M2M，Machine to Machine）。要建立工业互联网，需要包括数据收集的感知科技（Sensing Technology），逻辑判断的智能科技（Intelligence Technology），以及即时反应的响应科技（Responding Technology）。举例来说，绿能科技需要环境监测，物联网产业需要网实整合，智能机器需要机台元件整合，国防工业需要精密感测，生物科技医疗需要生物感测，几乎每个产业都需要借由感知科技来收集数据，经由智能科技的判断，再以响应科技满足消费者的需求。

过去，产品是被中央主机所控制的设备制造出来的，未来，是产品上的晶片标签告诉设备，你该怎么制造我。传感科技就是让产品发号施令，例如德国巴斯夫化工，以往批量化生产流程由中央主机控制，做法是红色的染料做完了，做蓝色，蓝色做完做紫色。现在则改由产品晶片控制，做法是每一个染料瓶子上贴有一个IC晶片，晶片上有配方，由机械臂判读IC晶片之后，决定染料的配方要怎么混合，这样就能做到，每一条生产线中的每一瓶染料商品都不同。

再举例，若红绿灯的秒数不是由中央主机控制，而是由老人戴的智能手环晶片控制，告诉红绿灯设备说，“我是老人，绿灯秒数要长一点。”年轻人戴的智慧手环就不会发出信号。感知科技，等于是让工业互联网有了视觉、听觉、嗅觉、味觉与触觉。

智能科技则是因为，以人来做决策太浪费时间，因此将大多数决策交由机器来做（DAMM，Decision Almost Made by Machines），这依赖大数据与机器学习。过去，智能科技是由中心化的服务器所完成，我们称之为工业3.0的自动化；未来，许多智能决策将会由去中心化的设备完成。智能设备之间能够互相直接沟通，就是工业4.0的概念，比如当感知科技设备侦测到火灾，智能科技就会马上发动救灾判断与行动，而智能判断的逻辑都是靠分析大数据建立的。

最后，工业互联网必须要有响应科技。也就是当做了智能判断之后，该如何反馈系统，或称之为智能控制、制作流程优化与机器人服务等，以快速满足商业互联网里消费者提出的需求。

目前工业互联网的建立，还停留在传统制造业省成本（Cost down）的层面，着眼于省人力、提高合格率的制作流程控制，优化线性供应链的效率，而不是为了与商业互联网对接。管理学大师彼得·圣吉（Peter Senge）提出的“啤酒效应”游戏，是探讨线性供应链“长鞭效应”（Bullwhip Effect）的例证。

我曾经与一群来自世界各地的教授，在哈佛上课时玩过这个游戏。游戏规则是，当客户向店家订10箱啤酒时，店家为了节省运费，即刻满足其他客户的需要，通常会向经销商订15箱；当经销商收到15箱的订单之后，便会向工厂订30箱，当工厂接到30箱的订单之后，可能就生产50箱。

原本市场只需要10箱，为了安全存量以应付市场的不确定性，工厂却生产出50箱啤酒来，导致整条供应链上多出许多不必要的存货。当时由不同教授扮演着店家、经销商、工厂等不同的角色，希望能够尽量降低存货。不过，即使大家都知道这个理论，但在实际模拟时，还是囤积了许多存货，所以概念是不够的，实际上运作需要一个跨企业的系统来协调信息才行，于是渐渐发展成供应链的协同商务（Collaborative Commerce）。

协同商务指的是，产业上中下游之间的关系，不只是在生产制造时才发生，而是在产品发展的整个生命周期就一起参与，并以CPFR（Collaborative Planning, Forecasting and Replenishment，协同规划、预测与补给）进一步整合上、中、下游的供应链厂商。大家可以通过信息共享，共同规划和预测。这对于市场不确定性高、需求难以预测的状况特别有帮助。像是沃尔玛采用的供应商管理库存系统（VMI, Vendor

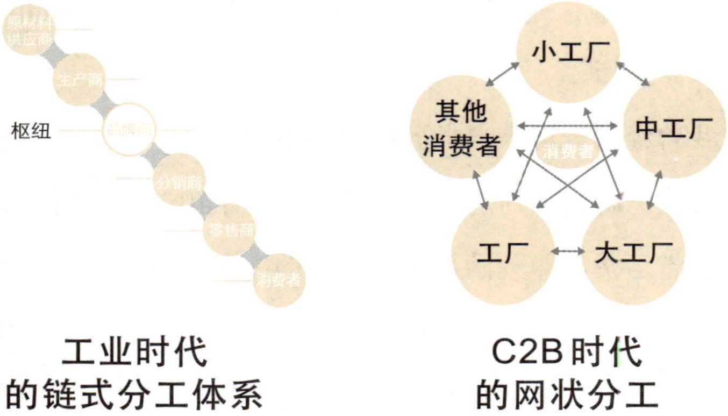

图3-2 从线性供应链到网状生态系统

Managed Inventory），供应商可在任何时间登入，检查相关商品在沃尔玛的销售数量，做出生产的准备，就能有效避免落入长鞭效应。

产业链的协同商务，通常需要一个强力的大企业担任枢纽（Hub）的角色，整合这些上下游的供应链厂商。枢纽通常是供应链中的大买家，比如零售业的大品牌沃尔玛，或是信息硬件业的大品牌惠普，只要该企业一声令下，供应链上的厂商都要乖乖开放信息。

第三步，网状的制造业生态系统

但是，在C2B商业模式下，未来这种会下采购大单的老大哥在逐渐消失，取而代之的会是更多的个人化小单。面临不同的标准与配合流程，没有老大哥的强力控制，还能否建立起跨企业、跨产业，但信息可以共享的制造业生态系统？

工业时代，B2C需要上下游产业群聚实体工业园区，以满足大买家一站购足的需求，线性供应链就像是一支编制完整的正规军。然而，**在C2B时代，没有超级大单，只有芝麻小单；取代几十位营收以亿元或百亿元计大客户的，是数以万计的新创或微型客户**。**他们需要的是可以快速组合、有效响应消费者需求的游击队**，因此产业群聚与分工的概念，也会演变成一个网状的、可自由组合的生态系流。

例如，要开发一个IoT新产品，从外观设计、安全测试、产能管理到库存营销，这中间牵涉到硬件（Hardware）、应用程序（App）、智能云（Cloud）之间的整合，无论是硬件制造商、手机软硬件商，或是云平台商，任何单一产业的线性供应链都已无法满足其需求，它需要的是跨产业的网状分工。建立工业互联网，从产业发展的角度来看，它像土壤一样。而如何让各类物种（企业）在好的土壤上，找到自己生长的方向，让具有不同专长的物种互利互补，将是制造业生态系统中最重要的课题。

跨境电商的制造服务业

在德国柏林的街头，可以看到汽车零部件龙头企业博世（Bosch）跟Gogoro合作生产的3欧元即可租用30分钟的电动机车。博世还跟奔驰合作，在车辆上装上传感器，让行驶中的车辆自动侦测路边车位，传回云端，若发现有车位，就通知需要车位的车主。找到车位后车主可下车，车子会自动停进停车位。这是博世成立130年以来，第一次跨入共享经济。他们舍弃过去从制造商角度出发的思维，因为他们意识到，只在车间里埋头专注百年技艺的工匠精神，提升生产效率，已不足以应对变局。

对德国制造业来说，工业4.0不只是升级，更是商业模式的翻转，思考模式的颠覆。**当网络与数据已打通“生产—消费”中间的环节，消费者需求可以在第一时间传递，从而反过来要求制造商，所以德国制造业要缩短和消费端的距离，转变为“制造服务业”**。制造服务业要做到的是，消费者只要把定制信息通过网络传到工厂，工厂就会通过物联网与大数据分析，自动排定生产过程，并利用弹性的自动化制造，生产出个人化商品。同时，消费者使用这些商品的记录，也会通过商品上的传感器反馈给制造商，制造商再借由分析消费者使用后的体验，把下一代商品做得更好，形成良性循环。

德国过去精良的制造经验，只是协助自动化机器设定更为精准而已，而当制造业开始朝制造服务业转型发展时，大家必须开始练习这种思考方式：一辆车不只是一辆车，而是消费者移动的工具或平台；而当建立起移动平台，还可以做外卖送餐与快递生意，汽车商未来做生意的方式不会仅限于卖车这一条路。

和德国一样，以中小企业为主的中国台湾，其制造业升级到工业4.0，除了在制作流程上更数字化、智能化之外，企业仍需从制造、生产的框架中跳出来，贴近消费者。

过去台湾做代工产业，是因为生产端的规模经济效益，但C2B商业模式下，经济效益不在生产端，而是在需求端，市场要够大，才会有效益。而台湾的市场不大，这就注定了一个只有技术、只有知识，却没有市场的工业4.0是不会成功的。

所以，台湾的制造业升级要把眼光放在全球市场上，不只要做到“制造服务业”，更要成为全球跨境电商的“综合供应商”，赚全世界的钱。哈佛教授李维特（Theodore Levitt）说过的营销学至理名言：“顾客不是想买一个直径5毫米的钻孔机，而是想要一个直径5毫米的钻孔！”这句话揭示了制造业的本质应是以消费者为导向，而不是以生产为导向。

滴滴出行、优步（Uber）就是产品向服务转型的代表。以往汽车是以“生产—销售”的形式和消费者接触，今天，你需要“有车可用”，但不一定要买车，可以通过叫车平台享受专车服务。这就是李维特说的，顾客要的是钻孔，而不是钻孔机。

制造业的代表，汽车制造商如今已经意识到，它们的制造重点不再是一辆辆代步的工具，而是汽车产品与各种服务的综

现在：工业3.0	未来：工业4.0
1.食品公司做方便面（口味、种类由生产公司决定）。 2.向原料商买原料。 3.工厂制作。 4.渠道上架。 5.消费者选购。	1.消费者：我要咖喱味方便面。 2.手机App发送信息到食品厂。 3.食品厂、原料商（同时收到订单）：原料商备货咖喱粉、面粉等原料，送至食品厂。 4.工厂制作。 5.配送到消费者家中。 6.消费者手机点评方便面。 7.制造商改进口味。
• 消费者被动选购商品。 • 厂商可能陷入长鞭效应。	• 便宜定制化成真。 • 厂商解决库存问题。 • 渠道商有消失危机。

图3-3 工业3.0与4.0的思维

合供应商，也就是以汽车为载体开展的跨领域联合研发，比如

新能源汽车、智能联网汽车。

如《经济学人》预测，在未来，“最成功的公司不再是做出最佳产品的公司，而是能够收集数据并提供好的数字体验的企业”。制造业和服务业不再有明确的划分，无论是制造服务业，或说是服务型制造业，核心都是“制造”，**在C2B时代下的新制造，强调的不再是匠人精神，而是让消费者自主设计、实时下单、实现个人化定制的服务精神。**

借鉴大牌／创新案例 10

阿里巴巴也点赞的 C2B 代表
中国定制生意王：尚品宅配

小档案

成立时间：2004 年

董事长：李连柱

成绩单：2016 年营收人民币 179 亿元台币、净利 11.3 亿元台币

地位：首创量身定制化家具

一个卖家具的，为何会让阿里巴巴集团参谋长曾鸣在《哈佛商业评论》中文版写文，认为其是定制化商业模式的中国代表，还被美国商业杂志《快公司》（*Fast Company*）评选为“2016中国创新50强”？

尚品宅配的团队来自软件业，用了13年时间，将智能制造跟新零售（O2O线上与线下协同销售）模式完美结合，创造百亿的市值。

结合智能制造、新零售翻转产销

尚品宅配是第一个把家具生意完全“颠倒”过来的企业。

在尚品宅配广州的门店，设计师和顾客讨论完设计方案后，顾客戴上VR眼镜，可以马上看到未来家里的装潢效果，不满意的话，可以马上调整。下单后，生产信息传到离广州市

区车程一小时的佛山工厂。15天后，量身定制的家具会被送到顾客家中，顾客可以节省大量时间。

过去，买家具只有两种选择。第一个选择，买系统家具，靠工厂已经生产好的标准板材套件，拼出需要的柜子，但可能造成尺寸不合适，无法有效利用家里的空间，更遑论卖场已经做好的现成品。第二个选择，买完全定制的木作家具，量身打造，但时间长且价格昂贵。尚品宅配给了顾客第三个选择，可依照房间的格局尺寸量身定制，价格适中。

改变游戏规则的尚品宅配创始人李连柱原是华南理工大学的讲师。他在1994年创立圆方软件，专攻装潢设计，在我国装潢软件市场的占有率达七成以上，很快年营收做到2亿元。然而，设计市场很小，他的软件营收很快就碰到天花板。

他们为了开拓业务，开发出家具板材软件，可用软件控制开料机，依据顾客家中尺寸量身打造家具，想推销给工厂却没人买单。尚品宅配副总经理李嘉聪回忆，工厂若要用尚品的软件就得改造设备和生产流程，当时家具业单子都接不完，根本没有人想改变。

网上下单，换设计如换衣服

2004年，李连柱索性自己创立了尚品宅配，由软转硬，跨入家具业。他一踏进这个老战场，就带来了颠覆！当时，系统家具业的游戏规则是：顾客必须先交几千元订金，设计师才开始设计，顾客还没看到设计就得付钱。尚品团队却直接到搜房网站、房屋销售处，搜集15个城市共上万套房屋的平面图，以开窗、柱子、开门的位置及格局，计算出中国有100种客厅房型，70种卧室房型，建立“房型库”，成立新居网。消费者只要上网找跟自家格局相仿的房型，就可以自由套换各种设计风格，换设计像是换衣服一样方便，系统还会依据客户家的方位，提出家具摆设的建议，提高客户预约上门测量的机会。

当客户到了门店咨询，都会免费赠送设计图给客户，因为是利用软件的数据库绘制，其时间与人力成本不高。上品的理念是全屋都可定制，除了柜子外，从沙发到床，尚品也与其他厂商开展合作，让消费者可以一次购足。

在佛山工厂，看不到木屑满天飞舞，看到的是机械臂搬运板材，自动扫描板材上的条码，钻孔机快速飞舞，完全自动化。这里每日可接7000张订单，每日生产50万张板材，除了木板厚度无法调整，长、宽、孔的深度都可以随客户需求定制。

通常定制化越高，成本越高，但这个智能工厂能做到大量定制，而且价格实惠。如14平方米大小的卧室，包含床、梳妆台与柜子等20件家具，仅需8万多元就可以搞定。原来，当客户下单时，电脑也同时精算出最有效率的切割方式，并将不同的订单合并，由切割机自动切割，这让尚品的材料利用率由过去的85%提高到93%，其毛利率比同业高12个百分点。一个做家具的，却养了600多个软件工程师和研发人员，位居家具业之首。

设计数据平台＋游戏积分制

尚品一年生产95万件家具，有一万个设计师。它是如何让这么大量的设计师接受它的游戏规则？

设计师从设计学院毕业，只需用21天训练就可上线服务，背后最大资源是：尚品累积上万件设计作品平台。设计师只要善用关键字，如住户人数、年龄、窗户数就可以搜到参考设计，数据库缩短设计师的学习曲线，同时这些使用过的设计图也减少了设计师天马行空的想法，提高了接单效率。

这个平台，设计师把设计图上传，就可以获得积分，若想用他人的设计图，则必须拿积分交换，积分可以兑换商品，如最新的苹果手机，或者陪长辈去国外旅游的福利等。

尚品以设计、业务能力以及乐于分享等指标，将设计师分为十段，每个段位都有命名，如新手是钢铁英雄，最高段为战神，越高段越会受到同事的敬重。这些制度是参考手机游戏设计的。游戏黏度高，是因为玩家累积经验值，离开了就前功尽弃。尚品每年营收都增长五成以上，要留住人才，“积分制”就是其撒手锏。

收集500万家庭大数据

从服务、制造到人才养成，要做新定制生意，每个流程都需要环环相扣。尚品也因此付出了代价，比如同业九成业绩依赖加盟店，尚品偏去做直营门店。来自直营的业绩占营收一半，因此经营成本高于同业，净利率也比同业低7.8个百分点，但李连柱认为，若不通过直营，就没法了解顾客的需求，设计出好产品。

紧握消费者，才有更好的未来。现在，尚品掌握了500万家庭的大数据信息，成立了生活模式研究中心，依照人的生命周期细分出二人世界、学业有成、子孙满堂等群体，并抓住每个群体对家具需求的细致区别，展开营销。如夫妻两人只需要吊挂多的衣柜，而有了新生儿，则需要小格子多一点的衣柜放新生儿衣服。尚品还通过对用户的标签定位，找准相应擅长的设计师，推荐设计样本，提高成交率。

从“新零售”到“新制造”再到“新管理”。尚品每做一次颠覆，都不被同业看好，却总能引领风潮。李连柱说：人的观念跟不上，用再先进的工具也没用，要成为破局者，人就得打败拒绝改变的心魔。

本文出自《商业周刊》1542期

借鉴大牌／创新案例 11

家电创客最先进的基地 连冰箱都能个人定制：海尔

小档案

成立时间：1984 年
首席执行官：张瑞敏
成绩单：2016 年营收 1995 亿元、净利 200 亿元
地位：全球大型家电第一品牌

你想过有一天，家里的空调、冰箱、干衣机都是自己设计出来的吗？在中国，定制化家电已经成真，海尔则是市场的先行者。过去，家电商的营运方式是由企业设计产品，再卖给用户；现在，海尔则让用户决定海尔该生产什么；它先用网站（众创汇平台）收集用户需求，再由互联工厂生产出产品。

海尔家电产业集团副总裁陈录城说，传统的模式，做产品都是在做库存，不一定卖得出去，现在是为用户生产，每一台做出来都知道要卖给谁。

全球家电龙头，革自己的命

目前海尔已建立冰箱、空调、洗衣机等八类互联工厂，工厂数约占其全球工厂的7%；取名互联工厂，意味着海尔想把用户跟工厂连接起来，通过大规模定制化生产，满足用户需

求。稳坐全球大型家电的第一品牌，海尔为何要革自己的命，把商业模式“倒”过来？答案就是危机感。翻开海尔上市财报，可以看出海尔集团首席执行官张瑞敏的忧虑，其家电营收虽超过1900亿元，但净利率始终在5％左右，若是无法提高附加价值，恐怕会步日本东芝、索尼等公司的后尘。

更可怕的是，风起云涌的平台企业正在侵蚀家电市场，如爱奇艺与小米纷纷跨入电器行业，此外，共享经济的盛行也让海尔如坐针毡。海尔商用空调制造总监赵立国说：“你怎么知道，未来还需要冰箱、洗衣机？”他进一步解释，像共享单车，一夜之间“占领”青岛，平台企业快速兴起，若未来出现共享冰箱、共享洗衣机，何必要买家电？

于是，他们导入了定制生产的革命。定制家电，一来可提高售价，如母婴社群专用的干衣机，价格比同业高出15％；二来可把家电当成上网工具，连接生态圈，提供顾客整体解决方案，还可以赚到服务的钱。现在，你可以通过iPad购买海尔智能冰箱，选择自己喜欢的颜色、尺寸、材质，还可以印上名字。海尔卖的不只是冰箱，而是围绕冰箱形成的生态系统；智能冰箱就像是个大管家，结合了爱奇艺、苏宁易购，可以推荐食谱、追剧，它还连接美食网，用户可购买产地直销的水果。此外，海尔还从137万冰箱用户的使用行为中，找到不足之处加以改进，如通过App可以在下班前调节冰箱温度，先解冻晚餐要用的肉品。

在青岛，海尔最先进的第八座智能工厂，全中国使用海尔中央空调的饭店和大楼的耗电量、设备运转情况等数据，即时传输到这里的大屏幕。如果侦测空调异常，海尔可提前派人维修，避免停机造成客户损失，客户也能轻易算出空调节省的电费。

再往工厂区走，自动化设备上装着上万个传感器，几千个数据不断回传到监控室，若生产线发生异常，监控人员可立即处理。“用户为王”贯穿智能工厂的所有环节。在这栋互联工厂里，用户可以参与空调设计与制造，上网即可知道生产进度，看到制造过程。生产线上，组装不同型号的空调，电脑屏幕上，每一个产品都附有顾客档案。系统会依据生产品质、不良率与用户满意度等给员工进行排名，这个排名与个人绩效相关。8条生产线，仅用了300位员工，比过去少了四成。

设计、制造，用户都参与

在这个模式下，海尔的中央空调产品虽较同业贵五成，但是因为可以提供客户预警维修、监控异常与省电服务，它的销售量三年增长四倍，成为中国增长最快的品牌。大规模的定制，最难的就是拿捏成本与数量，定制化的程度越高，成本越高。海尔通过社群经营，解决了这个难题。

以海尔的定制平台“众创汇”为中心，当用户提出的需求的点赞数、讨论量达到一定规模后，平台会衡量现有产能与成本，决定是否承接；再由设计师提案，交由用户票选；得票数最高的提案，由电脑模拟产品后，再征求用户意见；之后做出样机，抽选用户试用，听取回馈，改造产品。当产品定型后，再释出早鸟价，邀请用户下单，订金三成，累积到足够下单量后，用户支付尾款，海尔就下单请工厂生产。

这种定制化生产的优势在于节省效率。过去家电产品开发期长达一年，现在靠着集结用户、外部供应商的平台力量，4～6个月就可以开发出一款商品，研发时间至少缩短50%。海尔定制平台总经理王晓虎说，今年海尔的新机种几乎都是通过这种方式诞生，约占产品总量的10%。

这套定制化模式，也改变了海尔员工绩效考核、选择供应商的标准。海尔将员工称为创客，并根据客户满意度、产品品质、成本等不同指标将设计师、供应商、工厂分级，等级最高者，在平台上可优先选择方案。张瑞敏曾说："现在海尔的损益表变了，过去看挣多少钱，现在看创造多少用户。"海尔的会议室里都贴了张"共赢增值表"，这是海尔的新损益表，不再单纯用净利去看经营成绩，还要再加上顾客价值，如用户资源（包括活跃用户数和回购率）、场景收入（因解决客户困扰所得的收入）、生态收入（跟社群合作的收入）等项目。个人绩效算法也因此而改写。

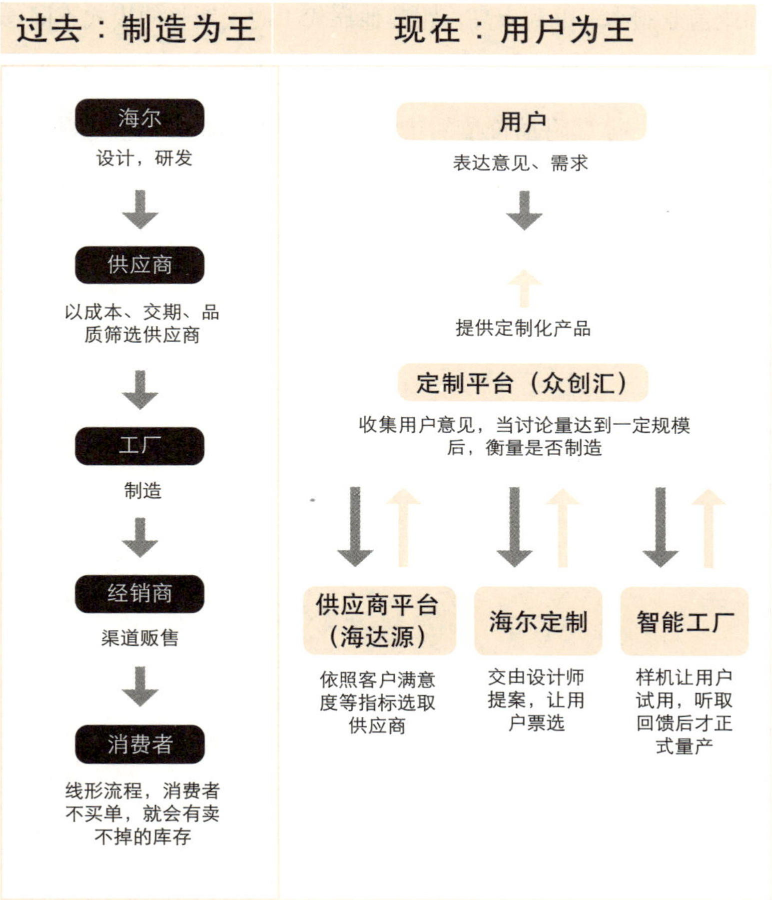

图 3-4　海尔新旧生产模式比较

贴近用户需求，让海尔近五年的净利增长了88%，效果逐渐显现。但这条路并不好走。海尔走的平台模式，创造的销售额多半被生态圈的合作方拿走，平台则靠收取服务费用获利，因此营业额小、毛利率高，跟其他靠代工规模增长的模式不同。

“我们不是在做一个工厂，我们是在经营一个生态圈。”赵立国强调。提高附加价值的策略之路，比起降成本之路难了许多，海尔用这12年的自我颠覆，证明了自己是个勇敢的先行者，建起了一个别人无法模仿的家电生态体系。

本文出自《商业周刊》1542期

借鉴大牌／创新案例 12

藏在 40 号智能工厂的秘密
重返豪华车霸主：奔驰

小档案

成立时间：1926 年

供应链管理最高主管：马可仕 · 沙费尔（Markus Schäfer）

成绩单：2016 年缔造 2083888 辆的空前销售成绩

地位：2016 年重新称霸全球豪华车市场

“如果看到星星，就是斯图加特到了。”德国斯图加特的当地人都会这么介绍。作为德国最有钱的城市之一，斯图加特市中心的火车站屋顶，就缓缓地转动着奔驰的三芒星标志。这颗星星的光芒曾一度黯淡。2005年，长期雄踞全球豪华车销售冠军的奔驰，输给了总部同样在德国南部的宝马，2011年甚至被奥迪超过，落居第三。时隔12年，奔驰于2016年重新称霸全球豪华车市。

弃全自动，36款车全定制

20世纪70年代，奔驰以三款车型就能迎合多数客户需求，但现已有36款车型，预计未来将超过40款。奔驰全球生产与供应链管理最高主管，也是奔驰董事会成员沙费尔（Markus Schäfer），在斯图加特的总部接受《商业周刊》独家专访时提到，支援奔驰增长的关键，就是工业4.0新制造。

沙费尔说，“对戴姆勒集团来说，毫无疑问，数字革命将根本改变我们的产业。”当你我都还以为新制造只是趋势时，汽车品牌奔驰的分享将让我们看到，它已经能翻转战局，重新定义市场排名！为了深究奔驰12年“复仇”成功的秘密，我们沿着莱茵河支流来到有百年历史，奔驰全球最大、年产能超过31万辆的辛德尔芬根（Sindelfingen）工厂。

2014年，沙费尔帮奔驰打造了一座智能工厂TecFactory，就在辛德尔芬根工厂内，编号40，这里是奔驰找寻未来生产方式的秘密基地。一进入工厂，有别于一般汽车厂的流水线，这里只看得到几个小型的工作站。“先进的技术我们都会先在这里研发、测试，就像婴儿在这里出生，等到会走路，就会导入全球工厂的生产线。”TecFactory里的工程师说。

第一站，我们看到了奔驰正在测试的人机协作（Human-Robot Cooperation）。奔驰于1971年就开始在生产线上大量使用机器人，我们在S-Class的车体工厂里看到，大型、超过两个人高的大型橘色机械臂，繁忙地来回转动，把银色尚未喷涂的车体举起旋转，移到另一区，继续焊接及锁上螺丝的动作。因为怕伤到人，它们就像动物园里的动物，全被围在栅栏里。

和外界的想象不同，对奔驰来说，为了满足定制化需求，“生产线需要更多弹性，我们正在尝试让人在生产线上占有更重要的位置，来取代过去大量的自动化生产。”沙费尔说。回到

TecFactory，工程师要求我们摸摸一台和人的手臂差不多大小、能轻易搬起超过50千克重物的机械臂，而当我们的手一碰到机械臂时，正在搬运金属齿轮的手臂，就立刻停下动作。这样，在一旁操作的人可以随时介入，而不用停止整条生产线。

以奔驰高阶车型S-Class为例，现在你可以在门店或网络上，打造自己的梦幻车，从选择汽、柴油引擎开始，到车灯套件、后座娱乐套件，甚至是车内香氛，再到轮毂、座椅颜色，是否需要电动车窗等，共有约40个套件、配件让你逐一勾选。当你送出你的清单，奔驰就会找到离你最近的经销商和你联络。因为车系快速增加，产品高度定制化，现在奔驰生产线上生产的每一辆车，都配备不同的零部件，机器无法做到如此弹性的生产组装。人机协作的优势是，可以一方面由人来控制机器搬重物，或调整机器角度。同时，生产线上的人再按照荧幕上的指示，灵活装配定制化零件。

用AR模拟最高效组装

走到第二站，工程师施梅尔策（Jörg-Christof Schmelzer）全身布满传感器，他正在进行AR（增强现实）以及虚拟装配的测试。因为车种变多，车里的零件和设计都不同，奔驰就在这里，通过数字模拟，精准地找出每一个车款最高效、最符合人体工程学的汽车零配件组装顺序及方式。

今日奔驰能重返第一，关键在于，它在这场战争当中，跑得早，步伐也跨得够大。2008年起，全球车市都因金融危机而大幅衰退的时候，奔驰宣布逆势投资兴建匈牙利新厂，当时被分析师称为豪赌。工厂于2012年开始量产B-Class，是奔驰在欧洲除德国本土之外的第一家汽车组装厂，这个人工成本仅德国1/4的工厂，是奔驰重返第一计划里的关键投资。

奔驰在全球快速扩张工厂，并把这些工厂（共29座）内的设备通过网络连到一起，让管理不至于失序，一面可以把产品线铺展开来统一管理，一面还可以就当地需求即时供货，满足消费者需求。未来，当顾客下单后，这笔订单所需要的零件，在哪里组装生产，都将由系统自动计算出来。

定制化，非变不可的理由

新制造可让一个品牌既能即时供货，又能给客户最多产品选择。站在制高点的奔驰，还看到什么非变不可的理由？我们撷取与沙费尔的重点对话，供读者参考。

《商业周刊》：奔驰为何导入工业4.0，遇到什么困境？

沙费尔：第一，奔驰在全球已有29座工厂，其中很多是近几年才完成的，目的是要以在地生产，来支持全球销售量增长的目标。第二，奔驰有约1500个供应商，随着产量及车型增加，我们每天要处理世界各地供应链运来的4600万个零部件，复杂度和变动性都在增加，供应商也面临很大挑战。

另外，有些地区、国家的劳工工资或其他商品成本提高，使我们面临了一些利润压力。为了解决这些问题，我们必须靠提高效率来保持获利。更重要的就是定制化，我们必须满足客户，尽量为他们量身打造他们要的车，这是我们要面对的新挑战。

《商业周刊》：能不能谈谈供应链的改变？

沙费尔：供应链的状况必须很透明。过去，我们只知道（供应商送零件来的）卡车在哪儿，但现在我们根据即时的天气及交通状况，数据库会计算车子什么时候会到，更知道车子里数百个零件的品质如何。如果预先算出车子会赶不上我们的生产，因已导入混线的弹性生产，我们就可提早应变。同时，我们也要非常小心挑选、训练他们（供应商）成为合格的供应链。

《商业周刊》：在打造智能工厂的过程中，奔驰并非大量采用自动化，而是在尝试以人替代机器？

沙费尔：目前我们利用弹性生产系统（Agile Production System），也许只要一个周末，工厂生产线便可改变。我们需要人的智慧及弹性，也需要机器做重复式及劳力性的工作，两者相辅相成。制造一辆S-Class，可以有百万种的组合方式，你可以花五年时间，研发一台机器来做这件事情，但在这个过程中可能有些制造的技术一直在更新，你完成的机器，也许已经过时了。机器无法很快配合每天要面对的快速改变，例如消费者的需求。我们现在制造引擎车、混合动力车，也许很快要改成制造电动车，而且车内还要加装很多雷达、传感器等。这些变化都相当迅速，如果针对这些东西，专门设计一套机器，会花很多时间。

最弹性的方式，就是人机协作，因为目前世界上最有弹性的还是人。例如，在最先进的智能工厂里，机械臂和工程师一起合作，在一条生产线上才能同时制造更多种车系的车。

本文出自《商业周刊》1542期

借鉴大牌／创新案例 13

这是一场人性革命，不是机器革命
全球最聪明的 50 大企业之一：博世

小档案：
成立时间：1886 年
CEO：邓纳尔（Dr. Volkmar Denner）
成绩单：2015 年营收约人民币 4800 亿元，税后净利约人民币 241.4 亿元
地位：全球汽车零部件龙头

德国南部的布莱夏赫（Blaichach）整个城镇人口不过5600人，全球最大汽车零部件厂博世（Bosch）的工业4.0 工厂就坐落于此，其最重要的产品——刹车防锁死系统（ABS）也在此生产。

布莱夏赫高低起伏的小山丘，不时可见低头吃草的牛羊。博世工厂内的上百台机械不停运作，这里与全球11座工厂连线，5174台设备全部联网，带我们参观的博世信息部门负责人科勒克（Arnd Kolleck）拿起平板电脑随手一点，就可以看到日本工厂每一台机器的生产状况。这些机器以毫秒为单位将生产数据回馈到中央系统，厂区里没有一张纸，只高挂着超薄液晶荧幕。荧幕上显示每台机器的耗电量、排气量，科勒克自豪地说：“一按键，我就可以知道每种产品的单位成本。”过去七八个人一天生产6800个零部件，现在只需两人即可完成。

我们仿佛进入了一个全自动化世界。每天，厂区会产生25000笔数据，赫勒巴赫（Rupert Hoellbachher）比画着，如果打印出来能有一个人高。但是现在，他每日只看20页报告，由电脑精选最重要的数据如稼动率、能源消耗量，就能掌握全局。我们到员工餐厅用餐，却没人收钱，因为盘子里有射频识别装置（RFID），用机器一扫就知道餐费。餐盘放到输送带上，会直接送到厨房清洗；庭院里，自动除草机会依照电脑设定，自动修出博世的标志。

亚洲对手抢走客户，开始拼联网

博世在众多德国工厂中，朝工业4.0的转型比别人快，这是因为来自一张四年前痛失的订单。博世副总裁赫勒巴赫回忆："2012年我们失去两个大客户，亚洲的竞争者居然可以做出比我们更便宜的产品！"那场失误，让博世看清了自己的不足。赫勒巴赫调出博世员工的工作时间与机器使用时间，逐一比对计算，发现厂区的总体设备使用效率（OEE）仅有84%，比想象中差。赫勒巴赫坦承："过去我们自我感觉良好。"以为设备效率有95%，但没有计算休息、维修机器、培训时间等因素。

原来自己根本没想象中厉害！一开始，自豪的德国员工难以接受事实，但唯有了解自己的处境，才能设定前进目标。

"若不想被亚洲公司打败，就得进行剧烈的转型。"

博世布莱夏赫厂率先让设备连上网络，撷取信息，改善生产效率。赫勒巴赫记得，2012年仅有六成的设备联网，2016年就一举提升到98%。一路转型的过程中，赫勒巴赫最深刻的感受是："人"才是工业4.0的核心，而非机器。他遇到的两大挑战都来自人，比如，要让软件、硬件工程师携手合作。德国研究机构Bitkom工业联网研究学者多斯特（Wolfgang Dorst）说，导入工业4.0时需要机械、电子与软件等不同背景的人才携手合作，企业最头痛的问题是"这些人，谁也不服谁"。

转型关键在"人"，而非机器！

德国崇尚扎实的职业技术教育，培养出底子深厚的专才，缺点就是难以彼此合作，每个人都觉得自己是专家。越聪明的专家，自我防御堡垒筑得越高。博世因此设计出以13周为一个单位的方案，以任务为编制，把不同能力的人放在一个团队，共同解决一个问题。此外，在硬件与软件人才间安插一位设备程序员，作为两者间的桥梁，越多沟通摩擦，才越能磨出共同语言。

另一个考验，来自员工的能力升级。当电脑取代多数工作时，员工必须从执行者变成决定者。"赋权"是工业4.0的重要特点，科技能让企业即时看到数据，若现场人员不能当机立断，也是枉然。中国区总裁莱嫩巴赫（Patrick Leinenbach）指出，博世在五年前成立学院，任何员工都可以依照自己的能力找到适合的课程，其中不乏技术人员转为工程师的案例。为了预防赋权伴随而来的风险，在生产系统设计时，已经把风险计算进去。莱嫩巴赫以驾驶飞机为例，每套飞机的航空电子系统在驾驶员做出异常的判断时，都会有自动提醒与修正功能，虽不能万无一失，但可以通过学习，逐步降低风险。

赫勒巴赫说，一开始员工难免有所抗拒，但他们渐渐发现，这些软件都是在协助他们更顺利地工作。过去，设备若半夜坏掉，工程师会从睡梦中被叫醒，跑到工厂来维修；现在，大家可以借由异常的生产数据，抢先维修快出问题的机器，降低紧急事件发生的概率。

解决问题比极致研究重要！

转变中，管理者必须细腻地掌握人心的变化。布莱夏赫是工业4.0的示范厂，每位员工的制服上还会绣上特有的厂徽。他们以此为荣，认为该厂是博世的骄傲。赫勒巴赫善用此点，用竞争刺激员工加速改变。当信息通透后，每条生产线都可以即时知道产能利用率。从2016年开始，他们让全球11座生产ABS的设备连线，以生产效率为指标，每天即时排名。大家为了抢第一，无不努力从数据中找出提升效率的方法。

过去，德国厂自认最厉害，现在为了抢第一名，他们开始学习其他工厂的优点。赫勒巴赫指出，德国人做事一板一眼、速度慢，需准备齐全才动手，但中国厂同事只要有想法就动手去试，反而能快速解决问题。每年，各厂区会派出两名高手，如同博世的武林大会，互相讨论过招，借鉴成功经验。有了学习动力后，赫勒巴赫就请新创公司的精英到公司内演讲，不谈技术，只谈如何在短时间有效率地完成产品。

过去，博世开发任何软件与产品都不假他人之手，从零开始，这种态度源于德国的工匠精神，且每件事都要做到极致才会罢手。赫勒巴赫说，这样的开发速度实在太慢，现在，员工们逐渐习惯不从零开始，而是先去找外部资源，每个方案限时在两周完成。未来，赫勒巴赫打算把数百人的组织架构拆散，每个小组不超过15人，以提升决策的弹性与活力。

布莱夏赫厂自2012年导入工业4.0后，现在每年的生产效率提升两成。这套系统还可以外卖，博世预估，光是卖出工业4.0方案（设备联网装置、维修预测软件等方案），就可以在2020年多创造出11.2亿美元的营业额。博世还因此被《麻省理工科技评论》杂志评选为全球最聪明的50大企业之一。

这一切，源于他们在低潮时没有放弃，而是善用低潮期弯腰找缺点，再推动改变。当人的愿意变了，事，就成了。

本文出自《商业周刊》1517期

制胜思维

借鉴大牌

把消费者能力纳入价值链

传统的波特价值链（Michael Porter’s Value Chain），是从设计、制造、销售到服务，消费者不在里面。过去，企业认为消费者是企业的局外人，其实他们忘了一件事情，很多消费者的知识比企业内部工程师还高。

做遥控飞机的雷虎科技，有次接到消费者回函，建议遥控飞机的引擎该如何改进。工程师与消费者联系后才发现，原来这名消费者是美国波音的引擎工程师，雷虎聘不起这么高端的工程师，但这位工程师“不求名、不求利、只求爽”地帮助雷虎把飞机做得更好。还有一个例子是宝马，有位消费者反映，新款车的头灯不太适合，他还把头灯重新画了一下。后来发现，回函的那位消费者竟是纽约非常有名的设计师。

当玩遥控飞机的消费者比生产者还懂引擎，开车子的消费者比生产者更懂设计，消费者的能力更应该纳入价值链中。海尔、尚品，甚至是奔驰，都开始让消费者参与、定义他们要的产品规格，企业来配合制造。企业只有学着换位思考，主权释放，才能从制造与代工的框架中跳出来，对未来发展有更多的想象。

弹性生产／创新案例 14

不被自己的成功绑架 手机大厂做耐克球鞋：伟创力

小档案

成立时间：1969 年

CEO：麦克纳马拉（Mike McNamara）

成绩单：2016 年营收约 244 亿美元，税后净利约 4.4 亿美元

地位：全球第二大电子制造服务商

10 年前，鞋业制造商绝对想不到做手机代工的伟创力，会是竞争对手，但现在它却是耐克革新制鞋流程的亲密伙伴。伟创力，曾是戴尔与摩托罗拉的代工厂。一度，它是全球最大的电子专业代工厂，却因鸿海崛起而败阵。2009年，伟创力大亏61亿美元，创下成立以来最大亏损额。一场输家经验，却让其成为耐克改革鞋子制造的最好伙伴。

订单送人，逼自己打掉重练

以往，代工厂最常见的景象是：流水线上，成千上万的人潮。现在，伟创力的苏州工厂却是另一番风景：两三位工作人员在组装半导体测试机台，一台台小车沿着地上的白线行走，遇到行人还会自动停下来。它们正在把零件送到自动化生产线，准备生产。整个工厂需要的人数不过2800人，较过去少一

半以上。过去，伟创力苏州工厂靠七大手机客户生存，谈的是大量经济规模的竞争力。现在，这个厂有60个客户，来自医疗、航天跟半导体产业，生产超过3600种产品，从以前两天工厂生产线要换线一次，到现在每天换线18次。换线速度从两小时到仅需8分钟，效率是过去的15倍。这个奇迹的发生，在于其大胆舍弃过去的成功方程式。

伟创力苏州工厂总经理杨建元回忆，2005年苏州工厂有八成营收来自手机，每年产量都在增长，但是营业利益率却由2%压缩到1%，越做越亏。当年，正是鸿海大幅扩张手机版图，吃下奇美通信，并购摩托罗拉墨西哥厂之时，鲸吞、蚕食手机订单，让伟创力痛下决心另辟战场。他对当时的场景记忆犹新，“坐在大会议室，我跟我的团队说，要这样下去明年OP（营业利益率）就是0，然后就亏损。”他说，每个人都喜欢做量大的产品，手机两天换一次线就好，没人想做天天换线，发展少量多样产品的事，“人都很懒，你工作量会变大、变麻烦。”

但当时，伟创力的CEO麦克（Mike McNamara）已决心朝扩张工业产品如半导体设备与医疗等高毛利的产品代工发展。杨建元把手上的26个手机客户转介给其他代工厂，以此宣示：绝不走回头路。这个决定，让该厂八成营收消失，两成的主管选择离开。除了把原有订单送给对手，在这个过程中，如2014年，伟创力还投入5亿美元到研发、设计与自动化部门，这笔钱比当年赚的钱还多（当年获利约3.6亿美元）。

花六年，打造自动化管理系统

这不是条简单的路。从追求经济规模到弹性生产，如果零件库存管理能力跟不上，也将是场大灾难。苏州二厂的总经理汪明说，过去，手机零件不过3000种，但是现在厂区要管理的零件是手机厂的15倍，4万多种零件，只要有一个零件缺货，就没法生产。它们花了近6年时间重新建系统，让全球100个工厂即时连线，同时连线到供应商。若有哪项零件低于库存，电脑会自动预警并下单给供应商，并从邻近厂区调货。

打掉重练的魄力，加上原有的高科技底子，是耐克选上伟创力最直接的理由。从运动手环开始，两个原无交集的厂商成为最佳伙伴。伟创力回溯摸索进入球鞋领域的过程：一开始，它们就如同新手，先买进50双不同鞋款，用6个月时间拆解研究后发现：过去，一双鞋子需要几十种工具切割鞋面面料，而且，鞋子尺寸不同，面料大小也会随之改变，因此只能在大批生产同尺寸鞋款后，才能换线生产不同款的鞋子。

找到科技业常使用的激光切割技术，无须工具，就可弹性切割不同尺寸的鞋面，换句话说，可以一分钟前生产一批鞋子，然后很快换下一款。耐克运营总监斯普龙克（Eric Sprunk）提到："激光造成布料有焦痕的问题，困扰了我们这个产业20年，但是伟创力花了6个月时间就解决了。"现在，伟创力越做越有信心，2016年巴西里约奥运会，美国队出场时穿的发光衣、时尚品牌Fossil的智能手表，都是由伟创力生产的。

有意思的是，之前，伟创力败给鸿海，是因为其全球有100家工厂分布在30个国家，总和分摊下来，其成本永远高于工厂集中坐落在中国的鸿海。现在，伟创力以原有的高科技底子转往新领域，当其善用机器人取代人力，不被低价劳力绑架后，100家工厂更能发挥其“在地生产，在地制造”的弹性优势，可以更快满足消费者需求，让时尚品牌更愿意买单。

今日的险峻，是灾难，但也可能是祝福。只要你有足够的决心去转移战场，机会永远都在。这，是伟创力告诉我们的最重要的事。

本文出自《商业周刊》1509期

弹性生产／创新案例 15

从骨子里翻新的老企业
一颗可乐果的抉择：联华食品

小档案

成立时间：1951 年
董事长：李开源
成绩单：过去 7 年营收增长 47%，净利增长 55%
地位：休闲食品大厂、食品业海苔王

战争，其实正发生在你我常经过的便利店的货架上。有80年历史的乐事薯片，通过智能制造，口味多达十余种，不断推陈出新，占领了大部分的货架空间。而其针对的消费者，是爱尝鲜的20多岁群体。

可乐果，一个46岁的品牌，客户的年龄层在40岁上下，被大家归类为怀旧零食。当可乐果碰上薯片，眼见对手节节进逼，零食产业变成了快时尚产业，如果再不变，“我们真的是老品牌，老一辈在吃的品牌。”联华食品林口厂厂长江志强说。

然而，可乐果要变，就要改掉过去大量生产后再销售的习惯，改为向卖衣服的品牌Zara学习：从消费者的反应，回推今天该生产哪种口味的可乐果。只是，它该如何知道，哪种口味会被消费者买单，当口味越做越多，库存风险会不会越来越大？如果真的要变，它必须从销售预测、营销方法、工厂生产线到员工思维等各个方面做出改变，老店禁得起一场连骨子都要翻新的变革吗？但若不变，它就要付出被淘汰的代价。为了生存，可乐果终于勇敢地做出了决定。

以前估销量与实际不符，现在大数据生产

走进联华食品林口工厂，磨损的墨绿色地板，低矮的天花板，我们穿梭在不同楼层，像是走迷宫一样。直到路的尽头才豁然开朗，我们看到了可乐果的生产线。眼前，四条生产线一字排开，像大炮一样长长的输送管，不断吐出一颗颗可乐果，墙上显示屏提醒半小时后，生产线该换成起司口味的可乐果；另一个厂区，视觉定位系统正在扫描每一片海苔有没有破损，制造科科长手上的PDA正传送过来下一批坚果混合比例。以前三天换一次线，现在，一天换两次已经是家常便饭。

江志强说，现在工厂要生产什么，都根据消费者的行为决定。当你在便利店买一包可乐果，销售数据会立即回传到联华林口工厂，电脑计算当天渠道销售的数字、原料供应、库存状况与促销活动等十多种变数，计算出四天后最适合的生产排期。在2000年时，可乐果有3种口味，现在，已经有11种口味。

改变，缘于危机。2000年后，国际大厂挟带大量广告资源涌入，当时联华食品董事长李开源惊觉，可乐果的消费者多是30岁以上、正在逐渐老去的群体。然而，公司却像诸多老企业的缩影，平常预估销售量，常常就是“照抄”去年销售量再加上

10%，导致产销脱节。

联华曾选择一条没这么难的路：直接做多种口味商品，从一种口味扩增到11种，包装从40克随手包到400克野餐包一应俱全，品类由100多种一下子扩张到500种以上，最后却惨烈收场。如其三年前推出的甜口味迷你可乐果跟符合健康概念的可乐果light系列，根本不受欢迎，不仅库存暴增，投资上百万元的迷你可乐果生产线根本无用武之地。

倒过来生产，主导权交给消费者

最终，联华痛下决心贯彻“倒”过来的生产过程，把主导权交给消费者，让后者决定工厂该生产何种口味。这代表的是，他们必须说服全家、统一便利商店与家乐福等大卖场提供销售数字。此外，从物料库存、保鲜期到生产线稼动率全部要数字化，厂长才能即时调配产能。过去，他们依靠纸笔记录数据，现在，他们开始用电脑算出四天后的销售需求，还用大数据去优化生产流程。每周，他们还要在“大船会”检讨转型表现，取名大船会，意思就是期望大船也会转弯。

咬牙做下去的结果是：过去7年联华营收增长47%，净利增长55%，高于产业平均。联华很清楚，这是场攸关生存的抉择。“只有勇往直前，连暂停休息的权利都没有！”联华食品董事长李开源说。

中欧国际工商学院管理实践教授龚焱说，工业时代是制造为王，拥有设备的企业家决定消费者该买哪些商品；随后，零售商沃尔玛崛起，变成渠道为王，由大型渠道商定义消费者需求；现在，网络与智能手机崛起，企业收集用户需求的成本大幅降低，用户为王的时代真正来临。

可乐果与薯片的战争，表面上是口味，但骨子里比的是：谁能善用大数据，在最短的时间内提供消费者想要的，并且减少浪费库存。这不仅改变了品牌商做生意的方式，也让代工产业遭遇巨变。

全员启动，改变才发生

除了可乐果，联华食品也是食品业海苔王，年产1.6亿张海苔，从三井到超市饭团都用联华的海苔。该公司内有两位把海苔分级的国宝级海苔达人，然而，海苔知识向来只能意会，无法言传，若达人退休，联华将面临无人接班的窘境。联华研发处长杨朝棋与人力部门同事，花了三年，把海苔达人的知识由“感觉”，变为可以“意会”的标准，供后人学习。一旦有标准出来，未来想让机器人去判读海苔，也并非不可能。在这个过程中，人力部门也必须转变角色，不能只是发薪水，同时肩负起把达人的知识转化为教材的工作。

除了人力部门，连同研发、业务、品质保障人员的心态也必须调整，联华还要求品质保障、营销、业务人员都要学会使用信息系统上传数据，电脑才有能力根据渠道销售等变数，去计算未来的生产排期。一开始老员工很抵触，但原本不会用电脑的联华董事长也改用电脑，老板的认真改变了员工的心态。

新制造改的不只是工厂，全员的思维转变也是我们赢的筹码之一。

本文出自《商业周刊》1542期

弹性生产 / 创新案例 16

数字化转型抢下六成市场
亚洲航空货柜王：台湾怀霖

小档案

成立时间：1997 年

董事长：刘华宫

主要产品：航空货柜、航空内装精密钣金

成绩单：2016 年营收 3 亿元台币、净利约 1300 万元台币

地位：亚洲第一大航空货柜厂

当已有市场占有率八成的巨人，你还敢与其抢占市场？一家传统钣金厂，花了六年时间上演了大卫力抗哥利亚巨人的故事。它就是台湾怀霖工业公司，靠着研发、生产航空用货柜，2016年创造3亿元营收，无畏欧美大厂的削价竞争，一举翻身成为亚洲最大航空货柜王。无论是国际知名品牌香奈儿、爱马仕的高级定制服，或是台积电一台要价超过20亿元的半导体设备，其跨国运输的航空货柜，都出自台湾怀霖。

这成果，来自12年前一场“小虾米打败大鲸鱼”的战役。台湾怀霖，原是年营收不到1亿元的钣金厂，在建筑钣金业平均毛利率达两成的年代，董事长刘华宫预见建筑业要走下坡路，决定搭着政府推动航空产业的顺风车，抢攻毛利率可达三成的航空货柜市场。

当时，亚洲航空货柜市场，是挪威龙头大厂Nordisk的天

下，市场占有率达八成。刘华宫作为后进者，以低于大厂四成的报价求生存，但惊觉小虾米抢市的Nordisk在竞标时削价五成。

找龙头弱点，拼速度突围

下定决心转型，就遭遇价格战，“走回头路永远只是代工，好不容易有机会发展自有品牌，就该拼！”刘华宫说。

他发现，当客户有特殊规格或是维修需求时，巨人的反应慢，甚至不愿意服务。找到竞争对手的弱点，他决定做少量多样的产品来突围。例如，日系航空要求客运货柜内要装平滑的、不能割伤旅客的行李箱，还要防水；国际品牌定制的服装的柜体需加装吊杆，而各种不同需求，都不能让货柜超过荷重比例。

当客户需求增多，如何快速反应、压低生产成本，成为转型一大难题。若照老方法，以人工试算、分析材料强度参数，老师傅按2D图纸制作货柜，不仅错误率高，而且每开发一款新品至少耗时两个月，不利于争取新订单。他痛下决心，导入数字化，改善生产流程。首先导入工研院的强度分析软件，让开发时间缩短为两周，年省600万元开发费用，相当于当年营收的6%。更大的挑战来自数字化建档。原本的2D设计图，设计人员以纸本与客户、生产线师傅沟通，“工厂里图纸满天飞，不同部门等候、反复确认很耗时，常常要加班。”刘华宫的儿子、台湾怀霖的经理刘明杰说。

“纸本用得很顺，干吗这么麻烦？”设计人员每天花两小时重新绘图建3D电子档，质疑声浪传到刘明杰耳里。“龙头大厂做的是蛋炒饭，但我们做少量多样订单，就像广州炒饭，要处理上万个零部件，要想办法聪明做事。”刘氏父子召开会议向员工说明情况。

数字化，合格率增至99%

他们不断和员工沟通，建模组虽然很累、很无聊，但能节省工时。过去师傅看着虚线、实线交错的2D图，“凭空想象”成品的立体图，再落实到生产上，不同师傅的经验值不同，使得试做阶段的合格率顶多90%。有了3D图后，师傅只要拿起平板，就能依照电脑上的立体图制作，让合格率提升至99%。

但真正看见数字化的好处前，如何改变工作习惯，是一大关卡。“怕被机器取代，不愿改变的60岁师傅因此提出辞职。”刘明杰说，他天天窝在生产线和老师傅联络感情，保证电脑只是用来减轻他们的工作负担，师傅可升级专做品质检测，成为自动化机台管理者。

习惯革命，工时省三分之一

这场革命后，台湾怀霖可以有条不紊地管理上万种零件。通过3D模组，不仅产品外形一目了然，还可标注工序，以颜色区分不同制作流程。公司的准时完工率从85%提升至98%，错误率降至1%以下。华航、长荣、全日空等17家航空公司都成为其客户，货柜产品种类从2008年的30种增至目前的63种，一步步从巨人手中抢下亚洲六成的市场占有率。

怀霖也找到下一个增长动力，决定转入半导体设备的外壳钣金，未来六年将再投资2.5亿元，抢攻毛利率可达两成的新市场。相较平均毛利率只剩一成的钣金业，台湾怀霖追求十年一转，用新科技改变旧制造，扭转传统产业式微的命运，闯出条新路。

本文出自《商业周刊》1549期

弹性生产 / 创新案例 17

豪掷 15 年净利的转型两难
亚洲第二大塑合板厂：绿河

小档案

成立时间：2000 年

董事长：谢荣辉　总经理：黄登士

主要产品：塑合板、实板木材

成绩单：2016 年营收 28.31 亿元台币

地位：亚洲第二大塑合板厂

踏进绿河的工厂，我们仿佛掉进“大人国”。塑合板碎料堆得像一座座小山；长约2.5米、宽约1.8米的塑合板，像书本一样被摊开晾干，等待近两层楼高的自动仓储机“Lukki”将它们自行运送到磨砂区。这里就是距离曼谷航程一个半小时的宋卡府，亚洲自动化程度最高的塑合板厂——绿河所在地。

家中常见的系统家具，如橱柜、衣柜，或办公室的桌子、书架，使用的板材基本都属于塑合板。绿河的客户包含板材贴皮厂与家具制造商，其中就有中国最大的家具制造商欧派。绿河近五年毛利率增加近一倍，净利率跳升近两倍，塑合板产品净利率比同业高逾10个百分点。

这家公司13年前用相当于资本额15倍的金额，投入自动化设备，才得以在今日的价格战中走出不同的路。在绿河的宋卡府工厂，我们在占地20万平方米的工厂，沿着生产线走了两个来回，计步器显示步行距离逾6000米。在这么长的生产线上，我们见到的员工仅约75人，这是因为自动化生产线早已取代了大量人力。以前，绿河做的是实木加工，讲求劳力密集，工厂内常见黝黑面孔的泰籍员工，现在随着生产线全面自动化的实现，多了许多金发碧眼的各国团队人员驻点共事。

绿河总经理黄登士说："从投料开始到做出产品，以前要花好几天，现在只要两个小时。"他说，等到2019年，第三厂完工投产后，其塑合板产能将超越泰国最大厂Vanachai，成为亚洲第一大塑合板厂。

转投资塑合板，陷入两难

坐在泰国宋卡府办公室，董事长谢荣辉谈起转型初衷。起初，绿河是做实木加工，他们看到了实木加工的增长瓶颈，整块木头仅有30%被利用，非常浪费。再加上泰国政府奖励环保等政策，泰国人工成本高涨等因素，塑合板毛利率比实木业高出近三倍，使得他们在2004年投入塑合板市场。

外界看来只是材料差异的生意，其实不然。选择塑合板，就注定绿河必须开始做定制化生产。原来，塑合板因各国标准与生产需求不同，甲醛含量、硬度、厚度、长宽就有上百种规格，制作流程涵盖化学、机械、物理、电控等技术。这些技术是土木背景出身的谢荣辉与总经理黄登士所不能掌握的。

这几乎是一场从零开始的战争。一开始，绿河就面临两个艰难抉择：要玩大的，一次到位？还是保守前行，且战且走？大的指的是，直接投资欧洲规格的自动化生产线，精准度与自动化程度高，但投资总额高达人民币3.3亿元，相当于绿河实木工厂平均年获利的15倍；若失败，等于十多年赚的钱“打水漂”了。保守之路则是，买自动化程度较低的设备机器，成本只有欧洲生产线的六成，优点是，风险不会这么大。谢荣辉把问题带到方案会议上，引起了大家的激烈争辩。

18个月评估，数据让股东点头

“1亿资本额的公司，要去投资15亿，是一个巨大的风险，因为一出问题就全倒了。”谢荣辉清楚股东们的顾虑，但他还是坚持大举投资。为了这一决定，谢荣辉整整花了18个月的时间。

其间，绿河董事长、总经理、高层干部都出去考察，并且一周至少开三次会议。他们让工程、财务等主管各自拿出方案、财报汇报，算出回收期到底需要多久。最后评估出五年的时间后，谢荣辉再拿着厚厚一沓数据，逐一说服每位股东。

多国工程军团，专注调整设备

绿河为了能够长期打拼下去，没有像其他工厂买设备后就直接投产，而是选择深挖设备商进公司，因此工厂里有来自十多个国家的工程师组成的多国联军。他们一起改设备、调流程。谢荣辉的想法是，唯有掌握制作流程的核心技术，快速提高生产效率，才能甩开对手。“每个程序要改之前，我们会讨论十几次，才能开始做。”绿河的希腊籍建厂方案经理康斯坦丁诺（Karokolidis Konstantinos）说。绿河从机台摆放的位置、生产线流程、货物运送路线，一直在不断修正，为的是试出最好的方式。

原本设计只能生产出100种定制化产品的设备，现在能产出150种；原设计的年产能是20万立方米，现在年产能达30万立方米，等于产能与产品种类各多50%；“这是对手没办法突破的。”黄登士说。

然而，回首转型过程，最大的考验还是来自人。绿河经营层从管理基层工作者开始，到管理多国联军的高手，既要让他们贡献所长，又要求他们遵守财务纪律，这对绿河而言是很大的挑战。例如当时一个澳洲籍员工主导的贴皮线，全生产线规划全球最顶尖设备，要价1.6亿元，得花近7年才能回收。但经营团队要求降10%预算或是精简设备，看怎样才能做到在减少预算的情况下还能维持工程品质。最后成功将预算压到一亿元以下，4年回收。

当然，这其中还需要用到绩效制度。绿河对员工说，只要提升效率，多省下的预算都会回馈到该员工的绩效奖金中。现在回头看，幸好当年谢荣辉选择了一条艰难的路。2008年的金融危机，竞争对手面临无单可接的倒闭潮，绿河却因自动化产能，可少量多样供货，逆势增长，从亚洲第五变成第二。今年，绿河决定再投入33亿元，这相当于2016年净利的六倍扩产，要问鼎第一。

绿河的成功让我们看到：成为新制造先锋的关键，不只是买昂贵设备，还需要有愿意为未来冒险的勇气与决心。

本文出自《商业周刊》1546期

制胜思维

弹性生产

接单后组装和弹性生产的不同

目前制造业可以做到的弹性化生产，比较像电子产业里的接单后组装（CTO，Configure to Order），就是接单后再定制化。例如，我今天要买戴尔的电脑，需要什么规格的主机板、什么样子的键盘、多大的硬盘等，这些都是模组化的组件，可以在接单后再定制化大量组装。

接单后组装把统一规格分得更精细，然后在不同生产线上，以不同规格机器生产组装。现在的弹性生产则更进一步，当订单产品改变的时候，不需要更换生产线或机器，只要用工业控制的方式，便可以在同一条生产线上完成小批量的生产。

要真正做到个人化定制，累积大数据是降低成本的关键。利用大数据找出客户共同需求，加以标准化、模组化，只要消费者下单，就可以依照模组微幅修改，降低个人化的成本，这就像组乐高积木一样，可以依照消费者的需求，拼出他所要的产品。

智能制造／创新案例 18

变形金刚包馅机从三峡卖进 109 国！大数据建配方图书馆：安口食品机械

小档案

成立时间：1978 年

董事长：欧阳禹　总经理：欧阳志成

成绩单：2016 年营收约 4 亿元台币

地位：台湾最大包馅机专门厂，独占水饺机八成市场

从菲律宾第一大餐饮集团快乐蜂（Jollibee）的菲式春卷（Lumpia）、美国知名意大利食品大厂Valley Fine Foods的意大利饺、香港连锁餐饮品牌美心的烧卖，到台湾奇美食品、龙凤食品的速冻水饺，背后都有一个推手：安口机械，台湾最大包馅机设备供应商。

安口机械凭借少量多样的定制化订单，摆脱了近亿元的负债。现在，他们把接小单变成专长，通过电商平台把包馅机卖进了全球109个国家。走进安口位于三峡占地约一万平方米的工厂。其生产线旁有一座为测试机械而设置的大厨房，这是机器人追逐老师傅手艺的最终试炼场，客户将在这里检视机器人包的馅料，并确定其味道是否达到传统的老师傅制作的水平。

夹缝中，定制化求生存

一台衣柜大小的水饺机，每小时能包出1.5万个到1.8万个水饺，外装夹具设备，就能改包上海灌汤包、日式和果子或美式苹果派，然后变换模具，还能拟真做出媲美手工、有12道折痕的汤包。若嫌面皮口感不够Q弹，只需追加擀面模组就能解决此问题，这种变形金刚般的能耐就是安口机械的一大特色。

大环境逼得安口很早就认清，只有做少量多样的生意，才能存活。

欧阳禹在创办安口前，从事竹编品、滑雪杆等进出口生意，因为被海外客人倒账，为了挽救危机才成立安口。安口最早做芽菜自动培育机，之后扩大产品线，开始代理销售包馅机，踏入主流的食品设备市场。由于债务压力沉重，没实力跟别人抢大单，因此在“大厂看不上、小厂不会做”的夹缝中，安口被迫走上接定制化订单的这条路。

当时，安口的财力有限，难以负担海外参展费用。非技术出身的欧阳禹，把有限的资金用来建立多达40个国家的语言、网页总数近3万页的官网。这让海外客户很快看见安口，不久，各式少量多样的订单涌入，从中式的水饺、肉丸、月饼，到日式和果子，再到中东人吃的双色饼干等，各国包馅料的特色点心企业都开始与其建立生意上的关系。

安口是如何让机器变成变形金刚的？水饺因各国不同文化

会衍生出多样化的口味与造型，加上“每一家店都想做出自己的独特性”的思维，安口的包馅机是如何让大家都满意的呢？

安口机械第二代掌门人、总经理欧阳志成说：“这是一段非常辛苦的摸索过程。木工机和工具机加工的是均质的木头、金属、塑胶等材料，而食品设备处理的是面团、馅料，低筋、中筋、高筋面粉以及杜兰粉，不同的蛋白质，加同样的水下去，黏度、软硬度、特性、弹性都会不一样。当机器追逐老师傅的手艺时，由于变数极多，且各地口味的喜好不同，只能靠一次次的实战累积经验，才能提升胜率。”

实战数据，建“配方图书馆”

然而，不面对挑战，就没办法进步。为了满足不同配方的需求，安口通过一次次实战，设计出了包馅机“九成标准化，保留一成依定制化需求灵活调整”的硬件设计架构，降低了失败率；另一方面，其将每次配方成败的数据记录起来，建立一个涵盖上百个国家、多达300多种食品的“食品配方图书馆”。最后软硬件整合，将安口的成功率提高到80%以上。

一位美国旧金山的餐厅老板，原本是因为当地政府调高工资，才找上欧阳志成买汤包机器。以当地的工资推算，一台机器取代三位汤包师傅，只需半年就回本，这让他开心买单。谁知购买后却因面皮配方因素，出现了手工汤包筷子一夹就破底，精华汤汁流光光的问题。面对这种问题，安口从配方图书馆找出解方，还提供给客户至少五种类似自家口味的配方选择，这项举措使得客户非常满意。

奇美食品总经理宋宗龙评论安口：“价格比同业贵一些，但能抓住我们重视温控的特殊需求。”安口本身靠接定制小单胜出，现在，它也要协助客户走出自己的路。它最近的目标是帮小餐厅做生意。原来，近年电商消费崛起，网购外卖分掉了部分小餐厅客人，再加上人力成本逐年攀升，迫使店数不到十家的小型连锁餐厅，或是单店型客户出现厨房自动化的新需求。欧阳志成形容这次的任务是：“把厨师变成餐厅研发员、品保员”的厨房新改革。

下一步，帮小餐厅做厨房改革

以水饺店为例，安口协助客户通过机器取代包水饺的时间，让厨师可以专心负责研发独特口味与进行品质管理，并降低人力成本，甚至还能帮餐厅提供更多元的餐点服务，吸引更多新客人上门。欧阳志成还提供了自己的电商销售经验，帮助客户解决机器产量过剩的问题，那就是发展网购外卖，只有这样才能避免被市场淘汰。

台湾文化大学园艺系毕业的欧阳禹，胜在对新事物的接受度高，用多国语言在网络做全球生意，就是他想出的好点子，他负责对外抢订单，听客户声音；他的儿子欧阳志成则是加州大学洛杉矶分校的机械工程硕士，负责做设备研发，是内部解决各式定制化订单难题的灵魂人物。正是这样的内外合作，从卖芽菜培育机开始的安口有了今日的成就。

2016年，俄罗斯卢布高涨、中东战火频仍。安口在两大指标市场都衰退的冲击下，依然靠着美国、加拿大等工资高涨国家的小订单，交出营收增长一成的成绩单。包馅，只是食品加工环节中的一个缝隙需求，但安口深入下去，提高更多附加价值后，让客户离不开它。

当然，安口也面临新的挑战。遍及五大洲的客户群，规模大小不一且分布零散，使其售后维修服务面临的挑战越来越大。欧阳志成正在想办法，让包馅机智能升级，增加远端监控、预知诊断与维修等新功能。在他眼里，一台包馅机的未来，还有太多可能。

本文出自《商业周刊》1548期

智能制造／创新案例 19

14%退货率变 1%以下 养鸡场拼大数据：凯馨实业

小档案
成立时间：1991 年
董事长：邓进得
执行副总经理：邓学极
主要产品：有色鸡（土鸡、乌骨鸡等鸡种）种鸡饲养、电宰与加工
成绩单：2016 年营收 11.46 亿元台币、净利约 5000 万元台币
地位：亚洲最大专业有色鸡电宰场

你是否想过，养鸡行业也可以出现新制造先锋，并且与C2B模式（从客户端行为决定企业要生产什么）、大数据连接吗？超市里，人潮拥挤。刚下班的职业妇女们站在冷藏柜前，拿起一盒分切好的云林土鸡腿；两小时后，餐桌上就多了一道三杯鸡佳肴。当大家大快朵颐时，你可能不知道，这是在一年前经过缜密精算的生产排程，用大数据“做”出来的鸡。

从2013年起，亚洲最大的专业有色鸡（土鸡、乌骨鸡等鸡种）电宰场凯馨，凭借统筹中心分析销售数据，即时掌握订单及生产排程，让曾高达14%的退货率，在短短三年内，降至1%以下。在此之前，根本没有鸡肉行业会想到用大数据去理解消费者，甚至更改生产流程。转型，来自赔钱的痛定思痛。“鸡不是杀越多赚越多，如果掌控不好，可能只赚到两‘忆’：

回忆和失忆。”凯馨执行副总经理邓学极说。

抢救腰斩销量，开发分切市场

四年前，凯馨面临着重大危机：消费者形态改变。当时，小家庭不习惯吃全鸡，加上传统祭祀活动减少，让传统土鸡的全鸡需求量持续下滑。和十年前相比，白肉鸡的消费量增长四倍（比土鸡更早跨入分切市场），但土鸡却掉价近一半。加上盘商客户持续砍价，凯馨曾一度陷入亏损的境地。

随后，凯馨毅然决定开发全鸡分切市场，把全鸡拆成不同部位来卖，并且增加鸡精等周边商品。没想到的是，他们为土鸡找新出路的同时，管理难度也随之暴增。原来，过去的生产线只做全鸡电宰，产品只有一种，很单纯。但开发超市、大卖场的分切产品后，每天要生产超过30种规格的产品，从仓储、生产管理到分切生产线的员工，全都要重新调整工作流程，内部冲突不断。“生管（生产管理人员）和生产（在生产线处理分切的人员）常对不上，几乎天天吵架。”凯馨系统分析经理刘姿锜说。

改攻小家庭，滚进7000万年收

为了找出问题，邓学极和主掌业务的哥哥、凯馨总经理邓学凯，决定成立跨部门统筹中心，从源头的小鸡孵化、育成、电宰生产到销售，建档并以量化数据呈现。这迥异于同业们“凭经验”养鸡的逻辑。

凯馨投资千万元（相当于当年度获利的八分之一），建立企业资源计划（ERP）系统，让饲养、仓储、生产到销售的各部门，都能随时掌握订单进度，以降低肉品超过保存期限而报废的比例。“鸡若是生不逢时，是很悲哀的。在市场上缺货的永远缺货，卖不掉的就是卖不掉……”邓学极说，通过ERP系统掌握销售数据后，哪些规格的鸡滞销、易变库存就一目了然了。

连接卖场数据后，他们发现：祭祀用的公鸡，重2.4千克以上为市场主流。但幼鸡在育成过程中，体形有大有小，就像同一个父母生的兄弟姐妹，高矮胖瘦都不同。通过分析库存的数据，邓学极发现，1.8千克的公鸡，连续两年的库存量超过8万只，全都变成滞销品，超过保存期限就报废，给公司带来损失。

于是，他们将该体形的公鸡从全鸡转为分切品，开发出400克的清鸡腿产品，在全联等超市量贩渠道上架。由于新规格是超市渠道的独家，符合小家庭一餐的分量。2016年，其出货量超过74万盒，比2013年增长3.6倍，为公司带进超过7000万元的营收。

大家过去的印象是人们喜欢吃鸡腿，但是他们却从数据中发现，哪个地区的健身需求兴起，需要低油脂、高蛋白的肉品，该地区的鸡胸肉销量就会猛增。于是，他们积极地把鸡胸肉布到该地区的超市渠道，使大家以为的滞销品的销量增加到原来的三倍。

让消费者说话，躲过400万元的损失

在理解消费者的细节需求后，他们选择去改善源头饲养端的流程，以降低成本。种鸡下蛋、孵化成小鸡，饲养育成到上市，至少要九个月，生产规划必须在一年前就拟定。过去大家都是用经验，现在他们依靠的是消费者的行为。

例如，乌骨鸡属高价鸡种，同行业近年持续增养。2015年下半年，邓学极从数据中看到，乌骨鸡的市场需求量开始下滑，加上气象预测为暖冬，预估进补需求会减少，在拟定第二年的年度生产计划时，决定比往年减少2/3的种鸡蓄养量。当同业平均增养三成的乌骨鸡时，逆势操作的凯馨被嘲笑。到了2016年农历春节，乌骨鸡因供过于求，平均价格从一斤60元跌至50元。当同业承受价差损失时，凯馨反而避免了超过400万元的损失，躲过了库存危机。

同时，为了让生产更精准，分切生产线过去上午、下午各领一次料，逐步改为每半小时领一次，掌控订单及出货的生产管理和业务员必须每半小时更新进度。就这样，凯馨将一年所生产的三四百万只鸡的退货率，从14%降到1%以下，这表示

一年约1360吨的分切鸡肉不再被浪费。

负责飨食天堂采购的飨宾餐饮集团经理周志豪指出，其所在公司和凯馨合作四年，每月货量达13～15吨。凯馨的鸡不仅符合饲养天数及体形规格要求，送来的货量“狠准”，供货也比其他供应商稳定。2016年，凯馨再花500万元，相当于当年年度获利的6%，建立自动生产排程系统等设备，让订单及生产的信息流串接更快；现在，订单排程到生产出货，两小时内就能搞定。

出货快，让凯馨的冷藏肉品鲜度佳，售价比同行高出两成，在市场上更有竞争力，从亏损到年赚5000万元。今年凯馨又斥资5000万元打造密闭式智能鸡场，要从中累积育成率、换肉率等大数据。这个新制造先锋，正朝工业4.0的概念更进一步，让信息流可以完整贯穿生产、销售到服务的流程。

面对顾客需求越来越少量多样的时代，养鸡业要靠整合信息来应对这种形势。邓学极说：“现在凯馨替自己制定的目标是：用国际化的设备、规格，说国际的语言，让土鸡能整厂输出，走向国际。”这家新制造先锋，让老产业做出新可能，在绝境中找出活路，再度印证“没有夕阳产业，只有夕阳头脑”的道理。

本文出自《商业周刊》1545期

智能制造／创新案例 20

数字化拼出两倍获利力
铁皮屋内的智能工厂：世丰螺丝

小档案

成立时间：1973 年

总经理：陈骏彦

主要产品：建筑内装、家具用螺丝

成绩单：2016 年营收 11.18 亿元台币

地位：台湾第一大烤漆螺丝厂

轰隆隆的机器运转声中，夹杂金属彼此碰撞的声响，就像织毛线一样，一捆捆缓缓旋转的金属线材，被抽进绿色机台里，然后一颗颗已打好头型、长度为2～30厘米的螺丝，叮叮当当落入下方的铁篮里……

在被养殖场、众多小型铁皮工厂包围的乡间，我们看见台湾螺丝界智能工厂跑得最快的厂商：世丰。

2015年，烤漆螺丝厂世丰扩建了工厂，厂房外表不起眼。世丰却凭借这个铁皮屋下的智能工厂，拼出同业两倍的获利能力。“一开始我们也不知道什么是工业4.0、智能工厂，只知道要把生产数据信息化。”世丰总经理，也是第三代接班的陈骏彦说。

改变，始于一场危机。六年前，陈骏彦接过父亲的棒子升任总经理。就在当年，因世丰与全球最大家具建材零售商美国家得宝（Home Depot）在物流上配合不顺，原本高峰时可占世丰六成营收的家得宝，预告世丰2013年订单到期后，将不再续约。

为了弥补营收大洞，刚升任为总经理的陈骏彦立刻开始全球奔走找客户，严峻的管理挑战也伴随而来。过去，世丰供应家得宝的只有24种品类，工厂只要大批量生产就能过关；一下涌进120个客户的上万种品类，所有流程只能用混乱两字来形容。在家得宝离开后的一年，即2014年，世丰的营收虽较前一年下降仅10%，但净利润却减少四成。

过去，生产进度看师傅心情

世丰的螺丝主要用在建筑内装或家具上，是高度定制化的产品，你我家中和家具搭配的各种各样的螺丝，都可能来自世丰。陈骏彦从环绕会议室的展示架上，随意挑了几颗螺丝，每颗螺丝的头型都不同，有圆弧、平面的，连螺丝上的螺纹距离也不同。即使同一客户、同一尺寸的螺丝，为配合建材和家具，也要烤上不同的颜色。

“我发现，我们员工不太能掌控这么复杂的状况。”陈骏彦很无奈地说，“那段时间，世丰的工厂常做不出客户要的产品，只能不断地去鞠躬道歉。再这样下去，我跑再多的客户回来也没用。”

他发现，工厂的师傅拿到工单后，会按照自己的习惯，从好做的开始做，这样随意生产的结果就是使很多即使不急的订单，最后竟都变成特急。

当所有订单都变成特急时，整个流程就会失控，而不是依照客户真正的需求而来，痛定思痛后，“唯一能改的就是用系统把他们框住。”陈骏彦说。为了有效解决此类问题，世丰在2011年导入了企业资源计划（ERP）系统，后又投入自动排程系统及初期的制造执行系统（MES）。

现在，电脑管控上万品类

因为买来的系统是空的，必须要键入各种参数，才能让系统知道世丰在排程上的需求及逻辑，这必须要靠师傅们将经验传授给电脑。例如，生产线上有四种形态的机器，各自能承做的螺丝种类有限制。老师傅不仅要告诉电脑，不同机器适合生产的尺寸、头型、Logo等关键信息，还有很多只有老师傅才知道的技巧，如某种头型的螺丝在排程时不能太赶，否则速度过快会容易坏。输入的数据越详细，系统做出的排程也就越准。

这场革命不仅让世丰可以有条不紊地管理上万种品类的生产流程，还能有效减少材料的浪费。

为了串联生产，世丰在150部机器里都加装了传感器及电脑。过去，当客户下单后，因为动辄百万颗的量难以计算，世丰为预防耗损，会再多加5%的重量去生产。每次，都得等到包装完，才发现多生产了上万颗螺丝。仅2015年，就有高达1200万颗螺丝被当成废料销毁。现在，机器里的传感器精准计算生产的螺丝数量才导入半年，世丰销毁的螺丝数量就减少了三分之一。

耗材大减，净利率冲五年新高

有了初步成效的世丰，获利也创下近五年新高，其净利率是螺丝大厂春雨的两倍。除安装传感器外，世丰进一步将上万个生产模具的数据建档，以预测模具什么时候会坏。过去，世丰无法知道每个模具的寿命还剩多少，常是师傅看到生产出来的螺丝品质不对了，才停机换模。而年轻师傅为了避免出错，一般会直接定制全新的模具，这都大大增加了生产成本。现在，把每个模具的寿命值收集后，系统就能做到模具和订单的匹配，如某笔订单只要20万颗，系统就指定某个刚好剩20万颗寿命的模具来生产。这一系列的变革都起于危机，新制造先锋用自身的行动证明：决定命运的不是我们的遭遇，而是我们如何对待遭遇。

本文出自《商业周刊》1544期

智能制造／创新案例 21

机械智能化打进德国车厂
让机器生出神经：协易机

小档案

成立时间：1982 年

董事长：郭雅慧

成绩单：近三年营收为 34 亿元至 40 亿元台币

库存与应收账款较同业低

地位：奔驰、宝马车厂供应链

虽然大环境不佳，但我们走进协易机的工厂，却嗅不到不景气疲软的味道。在12000多平方米的工厂内，高3～4米的机器遍布全场，师傅们为赶出货，个个汗流浃背。在吊车送进大型元件的同时，一台刚整装完成的新机正准备送往德国交货。

走进办公室，为了组装智能机械，新大楼兴建工程赶不上研发人力扩编，约20平方米大的会议室被改成临时办公室。挤进来的新面孔是通信工程师，他们与传统机械工程师三五成群，讨论要让机器变聪明。而坐镇这家公司的是年仅48岁、业界罕见的女性——协易机董事长郭雅慧。

咬牙拼机械智能化

美国纽约佩斯大学（Pace University）财管系硕士毕业的郭雅慧，在协易机创始人郭胜雄五名子女中排行老大，1993年进入公司后，就是父亲最倚重的业务大将。郭雅慧在2000年一手创建协易机美国分公司后，就一直在美国开拓新市场，直到2009年，在家族成员涉入炒股案、金融危机接连重创协易机的危急时刻，她才被父亲从美国召回接班。

接班后，她除了大动作地换掉一半经营团队成员外，还策动了一场“让机器生出神经系统”的质变大作战，这是协易机逆势突围的关键。回想当时，她说：“我没有挣扎，因为不升级、不转型，公司就死定了。”

美国工业4.0早在30年前就开始发展，常驻美国的郭雅慧也看见了制造业的这一趋势。她清楚地知道，工业4.0的机械智能化大战并不遥远，而是在全球工厂中实际发生的事，只是各国的深度、广度不一。

郭雅慧认为，现在要卖的机器跟以前不一样，现在的机器应该“生”出很多神经系统，所有的神经系统都要连接起来，这就是精密机械加上大数据、网络，变成智能机械。智能机械之间还要互相连接所组成的智能制造、智能工厂，从点到线到面的改变，就是管理。

整合机械+通信人才

除了大胆投注研发，郭雅慧也比别人早一步整合了机械与通信的人才。她透露，当机械工程师遇上通信工程师，光一个

“即时”的概念，一边的认知是今天，另一边的认知是三分钟、五分钟，跨业沟通与磨合，困难之大超乎想象。

六年前，郭雅慧靠着苹果手机在内的电子产品订单稳住家业，即便如此，郭雅慧还是认为电子产品生命周期短，订单的暴起暴落使得营收占比大，但是风险也大。反观汽车产业，客户规模大，产品生命期长，虽然要求严格，但订单较稳定，可以成为协易机重点开发的新市场。在换跑道阵痛期，她一度经受“接到订单，就算没利润也当学习吞下去”的考验，其宁愿放弃获利也不放弃研发的坚持，让汽车业购买其产品，使得汽车业的营收占比达65%。不仅如此，她还让一家德国汽车原厂于2016年底打破不进口服务冲床这一惯例，两度下单购买了4台她的公司所生产的新服务冲床。

当台湾布局智能机械产业时，郭雅慧说：“我们已经有成品了！”原来这台运往德国的机器，还包括能主动通报的自动健检功能、可视化即时自动合格率与精度监控、掌握跨国生产线信息并提出建议的远端遥控系统等智能。此机器通过性能测试后，协易机将获得奔驰与宝马车厂供应链的好机会。

协易机离高新科技区比较近，这让郭雅慧早一步引进通信人才，进行跨业整合。也许机械业黄金纵谷再起的契机，就在于与通信业的异业整合。

本文出自《商业周刊》1508期

制胜思维

智能制造

大数据，智能制造的燃料

凡以“智能”开头的，如智能城市、智能工厂，通常要具备三个东西，第一是数据（Data），第二是传感器（Sensor），第三是智能化（Intelligence）决策。

数据，是工厂智能化的燃料，也就是“五新”里的新能源。其实大数据分为三类：第一是结构性大数据，叫作数据挖掘（Data Mining）；第二是非结构性大数据，叫作舆情分析；而处理川流不息、混杂大量结构和非结构的大数据，需要运用到流式计算（Stream Computing）的方法加以分析。

流式计算的概念是，以微秒为单位，收集大量川流不息的数据后，瞬间做出计算和判断，在迅速执行系统的决策后再重置数据，下一微秒又再度收集大量的数据……

数据挖掘用在报表与行为预测，舆情分析用在社会媒体监测，而工业4.0主要的大数据技术是流式计算。流式计算用到流程控制上才能做到快速响应。

制造生态系统／创新案例 22

帮 53 岁工厂赚物联网的钱
聚合新旧的 37 人小团队：HWTrek

小档案

成立时间：2013 年

创始人：王仁中

主要产品：聚合制造供应链和创客的网络平台

成绩单：帮逾 2000 家供应商、逾 1 万名客户创造新机会
2016 年亚马逊发明家合作伙伴

“再这样下去，我们就会被市场淘汰！”66岁的中新科技董事长江舟容，在两年前的一次主管会议上，说出了领军数十年来少见的重话。这是一家位于工业区的缝纫机老厂，50年前帮全球知名的兄弟牌、家乐美做代工。

全盛时期，缝纫机聚落产值达到90亿元台币，现在只剩2/3。江舟容意识到传统代工业的危机，开始尝试接少量多样的新创订单，却发现老员工们对小订单看不上眼，没有热情。“事后我与几位资深主管聊，他们说那天感觉好像被敲了一棒。”他的儿子江权哲回忆。

今天，我们走进这家老企业的厂房。“你看，只要把啤酒花跟原料放在这里，然后在面板上按一下，选择喜欢的模式，你就可以自己在家酿啤酒。”江舟容边操作像是台小型冰箱的智能酿酒机边解说，神情得意得像是在介绍自家小孩。

这台智能酿酒机是3名匈牙利年轻人委托他们代工制造的物联网产品，每个月出货200台到全球41个国家，占中新科技每月营收的一半。而过去占营收100％的缝纫机，如今比率已降到10％，连日本的缝纫机大厂都想来参观中新的变革过程。帮助中新成功转型的，是一名年纪比江舟容小两轮的青年——HWTrek CEO王仁中。

定位为国际企业、坚持公司名称不做中文翻译的HWTrek（Hardware Trek，意指硬件+跋涉），是一个聚合制造供应链和创客（maker，自主创造者）的网络平台。2016年，它成为亚马逊发明家（Amazon Launchpad）的四个合作伙伴之一。亚马逊发明家是全球电商巨头亚马逊集团为支持新创硬件产品而发起的计划。HWTrek是其硬件制造伙伴，平台上共有一万多名分布在各地的供应商，以及两千多名创客。就连向来只接大单的和硕、广达和纬创等传统代工大厂，也都开始跟HWTrek合作。

王仁中看到了两个原本各自发展的行业在未来的趋势。首先，各式各样少量多变的物联网产品在全球市场出现，这些产品的共同特色是创意前所未见、策划团队年轻，更重要的是，策划团队通常不懂制造，往往只是在众筹平台上提出一个想法。众筹成功后如何量产出货，才是最大难关。至于习惯了只为少数客户大量代工的传统制造业，早就面临订单不断往低成本处移动、代工毛利越来越低的压力，却因不熟悉新潮的物联网市场，只能靠跑商展碰运气、业务员叩门去找新订单。

帮新创意和旧制造搭桥

“现在需求端的客户已经出现网络时代的人了，他们在找供应链需求时，是通过网络去找，工厂端找客户缺了网络这个渠道的话，就会错过这群人。”王仁中说。

于是，他在新创意与旧制造之间架起一座桥，即聚合产能闲置的工厂与有制造需求的欧美创客。共37名成员的HWTrek，主力部队是12名制造业出身，涵盖英、美、德等五国的项目经理，来自富士康、广达、得州仪器等制造业大厂的他们，每个人平均维持着200个项目。而其中经评估特别有市场潜力的项目，这些项目经理就会像保姆般，依先后进度协调方向，有效地解决需求与制造两端的沟通问题。

这个协作过程，在传统ODM大厂须费时数个月，但在网络平台上沟通协作时，靠着项目经理的熟练，只需要两小时。由于订单量少而多样化，在彼此贡献智慧的过程中，也不会出现怕别人抢生意而吝于讨论的现象。

这套右手改造传统制造业习惯、左手消解新创者痛点的运营模式，获得联想控股子公司联想之星、最大自营式B2C电商京东以及中经合创投的肯定。

三年前，王仁中曾半年没领薪水，三个月无法给团队发薪水。当时他带着团队到处奔走，拜访坐落在工业区或产业道路旁的工厂，试图说服老工厂接受新观念、接触新客户，往物联网模式转型。但他最常碰到的反应，是被指着鼻子说“骗子”，不然就是工厂老板直接拒绝说：“我们对物联网没兴趣”，或是嫌新创客户订单量太小、不想接。

王仁中创业第一年，联系的工厂里只有三成愿意让他进门，这三成当中，又仅有一成愿意加入他的平台。拿不出成绩单，让他寻求投资者的过程中常常吃闭门羹。认识王仁中超过10年的HWTrek供应链营运副总吴荣展说：“虽然历经挫折，我几乎没看过王仁中沮丧的样子。”其实，团队不知道的是，一年有3/4时间在海外寻求资金和资源的王仁中，每当流连在各大机场，看着旅客来来去去，就是他最容易自我怀疑的时刻，“会不会不赚钱啊？会不会做不大啊？”他自问。陷入怀疑旋涡的时候，他会提醒自己回想初衷。“自己的想法可以改变这个社会，为什么不试试看？你觉得自己所梦想的，应该是这个社会所需要的，那就应该让它实现啊！”

70分和0分一样

形容自己是完美主义者和悲观主义者的王仁中，自认成功的把握只有一成。“但从统计学来说，一成算高的。完美主义者的人生只有99分跟0分，既然还没到99分，你害怕70分吗？不害怕啊，70分跟0分是一样的。”他认为。

经过三年的努力，现在台湾工厂愿意被HWTrek拜访的比例，已从三成提升到七成。虽然这家以人才为最大投资的年轻公司尚未获利，但它让股东买单的原因是快速倍增的平台会员数，第一年两千多名，第二年五千名，到第三年已超过一万名。三年前，没有人相信物联网。如今，鸿海董事长郭台铭也宣布要挪出三成的资金支持创客。等到大浪鼓起时，已先投入的王仁中就会是站在浪尖上的人。

王仁中相信物联网时代的平台需求不会短命，因为它是一个服务产业，以解决用户问题为核心。王仁中说："做完智能冰箱，我还会做智能微波炉。"因此，老练的项目经理就是让平台除了当媒人还能当保姆的关键。

王仁中坦言，现在的挑战是要找到新的需求端，找到源源不绝的需求。而京东集团的入股，就会带来新需求的动能。京东旗下有中国最大的众筹平台（新制造需求的来源），并投入智能硬件孵化器，正好HWTrek也可助其寻求供应商解决方案。"产业已经到了一个要变的时间点。"他认为，长期以来习惯为大规格、大标准而定制的产业，其思维还没转变过来。

制造老手、网络新创共同增长、壮大。这是我们在"制造产业"看似黯淡的角落里发现的新经济故事。

本文出自《商业周刊》1524期

制造生态系统／创新案例 23

打造出台湾第一辆电动超跑
特斯拉落脚处：行竞科技

小档案

成立时间：2014 年

创始人：洪裕钧、齐塔克

主要产品：电动超跑、电动赛车

成绩单：2016 年研制出台湾第一辆电动赛车

2017 打造出全世界第一辆达 1341 匹马力的纯电动超跑

地位：串联台湾电动车科技产业链，建立技术授权门槛

六年前，爱比科技（IPEVO）CEO、台湾松下电器董事长洪裕钧，是特斯拉第一辆跑车“Roadster”的第一个台湾买家。2017年，洪裕钧以行竞科技CEO的身份，自己打造出了全世界第一辆达1341匹马力的纯电动超跑“Miss R”。

在台北电动车展上，行竞科技展出一辆手工电动超跑，CNC（Computer Numerical Control，计算机数控）车床做出的大型金属车架、自己研发的电池模组及冷却系统、市面上没出现过的一个马达带动一个齿轮箱的系统……全都没有遮掩地展示在大家眼前。“它展现的是生产制造能力。”洪裕钧说。

在车里复杂的零件机构下，隐约看得到4颗银灰色的马达及相匹配的控制器，每个马达都能提供335匹马力，相当于一辆保时捷经典911 Carrera的马力。这个系统虽然来自美国的克

林威孚（Clean Wave），但是由台湾供应及加工的零部件，占了其成本的60%。总部在硅谷的克林威孚，也因此来到台湾成立公司，进行供应链管理及研发工作。

有趣的是，打造出“Miss R”及电动车心脏马达的关键人物，都是出自特斯拉的美国人，他们为什么不约而同地选择落脚在汽车产业并不发达的台湾？18寸轮圈、冰冷刚硬的金属线条，“Miss R”看起来狂野，但在浪漫的名字背后，承载的是洪裕钧从小到大的梦，以及行竞科技另一位创始人齐塔克（Azizi Tucker）的理想。

走遍亚洲，制造好、弹性高

洪裕钧从小就非常爱车，会拿笔之后画的第一个具体的图像就是车，他在学生时代曾买过老车来改装。到了2013年，他以设计师的身份，受邀到TEDx演讲，遇到了同来演讲的特斯拉前资深工程师齐塔克。洪裕钧随后投资了齐塔克创办的公司，并将其改名为行竞科技，从此走上了汽车“圆梦”的路。

齐塔克早期在底特律的通用汽车公司就职，之后到NASA（美国国家航空航天局）工作。2006年，齐塔克进入还没有制造出一款电动车的特斯拉，他的员工编号为100。当时，特斯拉工程师都非常年轻，有设计想法，却没有制造经验，齐塔克一年往返美国及亚洲近百次，一手建立了特斯拉在亚洲的供应链。他带着特斯拉的年轻工程师和中国、泰国、日本等亚洲供应商，一起研究如何造车。

帮行竞做出车侧大型CNC车床件的韦胜，以及做避震器等

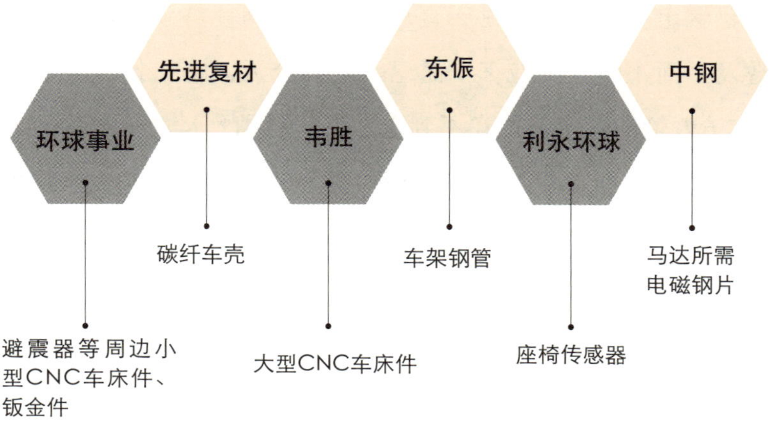

图3-5 电动车产业台湾供应商平台

周边CNC零件的环球事业，都只距离齐塔克一开始的落脚地大约10分钟的车程。不只距离，齐塔克需要的还有中小企业的弹性。“上个月很可怕，每天都传来订单，里面是一二十样东西，我就开始备料、检查图纸，忙到6点，他又传来一张图要我报价。”环球事业的负责人李志宏说。行竞为了赶制“Miss R”，每天都有急单丢给李志宏，而他也有能力在最短的时间内帮行竞完成定制产品。

把赛车当实验室，加速量产化

在“Miss R”之前，行竞其实已率先研制出台湾第一辆电动赛车“Miss E”，在大鹏湾赛道里展现过其无声的性能。齐塔克很清楚，他来到台湾研发电动车，最终目的不是为了卖那一辆辆电动车。齐塔克一直思考的是如何能够让电动车快速普及，而不只是“造车”而已。直到今天，特斯拉一年也不过7.6万辆的销售量，还不到全球汽车总销售量的千分之一。就像特斯拉的第一辆车Roadster，以跑车创造话题，也从最昂贵的车，学会怎么做出大众车款Model S，甚至是更为平价的Model 3。

行竞的第一个外部投资人、专做早期投资的心元资本创始人郑博仁认为，行竞对自己的技术及经验有足够的自信，所以敢从最高规格的赛车开始切入，他说：“虽然是打造一台赛车，但是从第一天开始，我们就有很强的共识——这公司是在打造未来的汽车科技。他们已经研发出由液态冷却、能像乐高一样堆叠组合的高放电电池模组，以及电动车的齿轮箱等系统。”

行竞的商业模式，是要做顾问服务。他们将电池模组、电池管理等系统，或是将制造电动车时的参考设计做技术授权，以期更多公司能快速切入电动领域。洪裕钧透露，已有国外的公交车制造商、电动计程车生产商，开始与行竞合作。

用马达切入

库比克和葛瑞格，两人是特斯拉电动车的心脏——马达及控制器的设计开发者。他们认为，全世界若只有特斯拉成功，依然无法让电动车成为风潮。“我们想做出PC界Intel inside的概念。”克林威孚的主要外部投资人，目前也担任董事长的王秀钧说，他们不想只是替一家车厂研发马达与电控系统，而是专注在开发高功率的马达，提供给更多想切入电动车的车厂。

克林威孚的马达及控制器，曾被美国电动机车新创公司Mission Motors装在其重机上。这辆重机在2009年北加州的雷古纳赛卡（Laguna Seca）赛道上，以超过240千米的时速，创下最快的电动摩托车纪录。他们在特斯拉时，就是将设计好的马达，外包给加工厂制作，同时也在该地区采购制造马达所需要的重要材料电磁钢片。2016年，中国成为全球电动车最大的市场，销售量近60万辆。克林威孚为了打进许多逐渐朝向电动车转型的传统汽车供应链，于2016年下半年，和在香港上市的中国最大的汽车零部件制造商敏实集团在嘉兴合资设厂。为了满足预期将大幅增长的市场需求，克林威孚加大了采购数量，并强化了对供应链的管理。

有能力却没想到自己能做

台北科技大学车辆工程系教授黄国修认为，有些公司的弱点在于它没有系统整合能力，并且对自己的产品缺乏一定的想象力。例如在制造“Miss R”的过程中，一块长120厘米、宽60厘米、厚15厘米的CNC车床件，齐塔克找到了曾制作过导弹发射架的韦胜。只要看到设计图，韦胜就能在品质及交期、价格上符合行竞的要求。另外，齐塔克也找到一家自行车车架供应商东侲，制造赛车车架所需的钢管。

在这之前，这些制造能力强的供应商，从没想过自己的产品有天能被用到赛车或超跑里。“我很爱车，但以前根本不敢做梦，从没想过我们原来能做到这么多，我们可以做出超跑。”洪裕钧说。

如今，齐塔克和洪裕钧一起圆了一半的梦。其实，帮助他们圆梦的供应链，需要的则是大胆的想象力与敢于做梦的勇气。

本文出自《商业周刊》1539期

制造生态系统／创新案例 24

从“别人不做的”赢起
全球第三大 POS 机厂：飞捷科技

小档案

成立时间：1984 年
董事长：林大成
主要产品：销售终端（POS）、平板电脑
成绩单：2016 年营收 56.41 亿元台币、年增 8.28%
地位：飞捷 POS 机全球第三，市场占有率约 13%

在买东西的过程中，最忙碌的除了销售人员，还有收银台前的销售终端（POS，Point of Sale）。从消费者走进餐厅点餐到刷卡结账，到厂商的进货、存货数量，各种信息都要经POS机记录下来，再传递到后台的数据库，一旦POS机发生故障，店家就很难做生意。

挑大厂看不上的小饼

全球出货量第一的POS机厂商是东芝（Toshiba）；第二是美国厂商NCR；第三名飞捷，市场占有率约13%，已与NCR旗鼓相当。在台湾，其竞争对手是振桦电子等上市公司。

不过，飞捷与上述竞争者的最大差异是，它专做硬件设备的OEM（制造代工）、ODM（设计制造代工），不做自有品牌，更不生产POS周边产品，例如钱箱、发票打印机等，也不做软硬件整合。这与东芝、NCR、振桦电子等公司执行的品牌、软件、硬件都做的策略非常不同。飞捷建立起POS产业的供应链平台，自己是“中央厨房”，向上游购买原料制造产品，出货给中间商，再由其发派到各个不同品牌的餐厅。

1984年成立的飞捷，从主机板、个人电脑起家。到2000年，开始转向工业电脑中的POS系统产业。它曾开发出全球第一台书本式桌上电脑（Book PC），一度吸引惠普、戴尔等厂家要求代工，但当时公司规模有限的飞捷无法应付庞大的订单。随后，竞争同行开发出类似产品，飞捷业绩直坠，顿失竞争力。台湾大学电机系出身的飞捷董事长林大成，认为要找到符合他的研发强项的产业，才能突围，于是他舍弃量大的Book

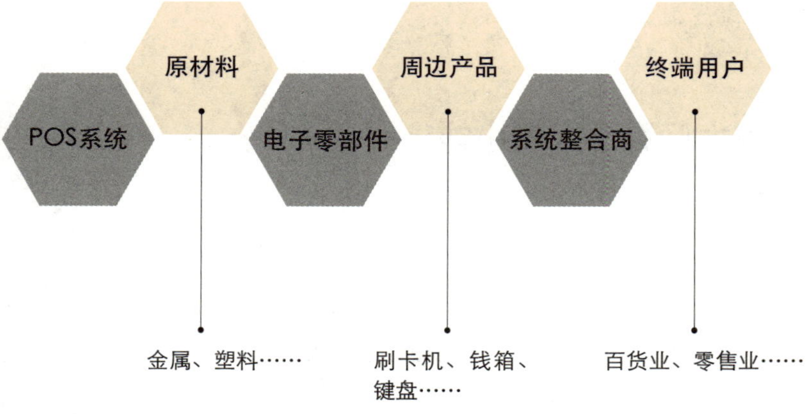

图3-6 POS产业供应商

PC，抢先进入须高度定制化的POS产业。

跟同业合作，接对手订单

“当时的工业电脑大佬，对这小产业没多大兴趣。”林大成说。当时POS产业规模极小，工业电脑代工大厂如广达、仁宝、英业达等，对这块小饼兴趣不大，他决定全力进攻此缺口。

考虑到资源有限，林大成决定集中火力只做硬件系统，不做系统整合，不做软件，更不做品牌。除了硬件，飞捷全部和别人合作。对手要花两三年才能投资的一个机种，飞捷就加倍投资，一年就开发两到三个机种（开发一台机种，动辄得花五六百万），从而快速累积产品规模。这个专注制造的策略后来奏效了，十几年来，飞捷每年维持逾30%的毛利率，年营收从16年前的四五亿元左右到了现在的56亿元。

即使营业规模扩大，飞捷仍不走东芝、NCR那种同时做软、硬件开发与系统整合并且提供全套解决方案的路线。

“只做代工，同行都是合作伙伴。”林大成强调，虽然必须与下游企业分享利润，但优势是，双方以策略联盟合作，技术经验共享。虽然毛利率相较自有品牌厂低，但省下广告营销、管理等费用，净利率还是与其相当。

简化维修流程，帮客户省钱

对于如何专攻少量多样定制化产品的问题，林大成设立的门槛是强化研发，甚至从产品设计源头就开始做“售后服务”。飞捷的主要市场集中于北美、欧洲、非洲，占比近八成。欧美当地人工维修成本极高，以北美来说，单趟上门维修费用，就得花上约8000元。林大成说：“只要你能帮客户解决这个困扰，无形中就能增加产品的竞争力。”例如，一般机器至少得用到三四十颗螺丝才能组装，而且拆卸组装都很耗时间。而飞捷八年前开发的新机种，只扭动两个把手就能掀开机壳，再配合内部配备模组化，一有故障，只要寄送新配件，营业员就能自行更换，不仅省下了高昂的维修费，维修时间也省了一半。

专注，让飞捷十多年一直维持着稳健增长的状态。不过，下一波产业浪潮正席卷而来。继2012年业界龙头IBM将POS部门卖给东芝后，国际一线大厂爆发了并购潮。2016年，市场上纷纷传出东芝与NCR有意卖出POS部门的消息。

为了抢食大厂流失的市场占有率，飞捷乘机部署渠道商。2016年4月，飞捷打响并购第一枪，买下英国龙头系统整合商Box Technologies，并借它之力抢攻英国与北欧市场。

“将来的生意不是争取一张订单，而是要建立价值链，设计、制造、销售、服务，都要掌握。”飞捷科技总经理刘久超说。

本文出自《商业周刊》1520期

制造生态系统／创新案例 25

全球性感连身内衣王
半世纪丝袜厂转型：陆友纤维

小档案

成立时间：1966 年
总经理：魏平仪
主要产品：网袜、丝袜、性感连身内衣
成绩单：2016 年营收 16 亿元台币
地位：代工性感连身内衣，全球市场占有率最高
有 2 万种商品，是全球袜子种类最多的公司

全盛时期，香奈儿钦点的裤袜

“20年前生意还很好做，我曾连续一年坚持每天做到天亮，单子消化不完啊。”陆友总经理魏平仪语带自豪地说。魏平仪是被誉为“丝袜世家”的魏氏家族第三代接班人，魏氏家族多年深耕丝袜业，华贵牌、佩登斯等一线丝袜品牌老板，都是魏平仪的堂兄弟。

魏平仪的祖父魏国煌是小摊贩商，他一开始骑着脚踏车兜售袜子、口红、香水等小物品，后来引进日本的丝袜织造技术，成功创业。魏平仪的父亲魏和衷创立陆友后，真正与同行拉开差距的关键是在1983年，他咬牙买了一台要价1000万元的双针床经编机，织出了第一双一体成形的网袜。当时，1000万可不是小

数目。这样的豪举在引发议论的同时，也成功地使全球的客户开始与其合作。

魏平仪说，在陆友运营的高峰时期，连香奈儿（Chanel）、阿玛尼（Armani Exchange）、缪缪（Miu Miu）等品牌商家也把单子下给陆友。在香奈儿的指点下，他们做出从侧面看肤色与黑色各占一半的显瘦裤袜，这种裤袜曾受到歌手莫文蔚的青睐；阿玛尼的设计更特殊，他们是将一双粉红色丝袜、一双黑色网袜装在同一盒里，两件叠穿，创造出多层次的感觉。“太前卫了，我们工厂根本看不懂！只好边做边学，观察流行尖端长什么样子。”魏平仪大笑着说道。到了2000年，情况骤变。外销美国的纺织配额快速消失，严格的挑战已经来临。随着短裙与凉鞋的兴起，消费者开始把丝袜当流行品，而非必需品。也就是说，陆友必须实施少量多样的生产管理模式才能生存。

化身接单平台，揪小厂共同制造

当时的品牌客户依然会找陆友打样，但一来就是30组图稿，限期一个月内交。“一款新品从设计图、组织图到上机打样，动辄就要三五天，我们只有四个设计师，哪里来得及？”负责研发的魏平颖苦笑道。

最后，陆友选择以群架的方式突围——它串联邻近的50家小型工厂，共同接单、设计、制造。换言之，它让自己多出了50颗脑袋。举例来说，当魏平颖拿到数量庞大的30组打样后，他先定出交件时间，即可分给合作的10家卫星工厂。每家工厂负责3组，一手包办画组织图、上机与打样。完成的样品统一送回陆友，由陆友向品牌提案。若某组样品成功拿下订单，打样小厂即取得生产大货资格，这就形同公平竞争。

“流程说起来简单，其实要注意的很多！”魏平颖分析，这50家卫星工厂，多是过去曾任职于魏氏企业的员工自行创业的工厂，其规模往往只有夫妻两人加几台机器。因此，陆友安排订单时，必须得精算每家工厂的设备状况、生产速度、产品合格率，老板擅长电脑提花、蕾丝还是网袜等情况。而且小厂缺乏品质管理机制，身为“接单平台”的陆友得扛起责任协助检查，因为若产品长期品质欠佳，陆友也会被淘汰。

“跟陆友一起做，无论淡旺季，至少每个月都有单。”合作近20年的俞璇工业社老板娘谢淑娟透露。这些小厂原本没有足够的设计能力去应付少量多样的生意，但这种“类平台”的经营，给了它们一条出路。除了被动接单，有些小厂会选择主动出击。程辉兴业的负责人黄启文，就曾在五年中每月提供给陆友两款以上的原创设计，“不一定会被挑中，但至少有机会啦！”黄启文笑着说道。

魏平仪分析，串联卫星工厂的背后策略，是看似冲突的“定制化＋大量生产”：假设一家厂专做1000打定制款，50家合计能做50000打，这样产能已不输给一家一流大厂。更重要的是，通过50颗大脑分工合作，陆友每年的新款数量由200款蹿升至2000款，原创设计约占三成，等于一天就能诞生两款新品。

奇想突围，多织一截把袜子变内衣

目前，陆友合计约拥有两万种商品。魏平仪直言，单看款式，陆友已是全球袜子种类最多的公司，但强烈的危机感并未因此减少："你知道袜子流行起伏有多大吗？好的时候营收15亿元，差的时候到不了8亿元。一旦撑不过低潮期，公司就倒了。"

为扭转他口中"配件的宿命"，陆友曾试着委托研究机构去进行市场调查，结果发现许多数据缺乏意义。举例来说，某年有28%的男性觉得网袜性感，该年网袜也确实热销；但在网袜大滞销的年份，觉得网袜性感的男性也高达17%，差异并不明显。魏平仪坦言，他也曾在这些数字间打转了很久，最终决定将数据变化视为产业特性："一款乏人问津的网袜，被Lady Gaga一穿就爆红缺货，这就是流行常态。问题是，公司要怎么去平衡淡旺季的差距？"魏平仪脑筋一转，想起了父亲30年前的创举。

原来，早在20世纪80年代，也就是魏和衷织出一体成型的网袜时，因超前普通审美观太多，网袜一度乏人问津，于是他突发奇想："袜子不行，那干脆多织一截上半身，再加个肩带，不就变成了衣服？"不会说英语的魏和衷，在行李箱里塞了几条网袜、几件加上肩带的网状衣，直接飞到美国。他在旅馆里翻电话簿，一家家地去拜访销售商，最终开启了市场。这网状衣，正是如今的性感连身内衣（bodystocking），意指一体成型、用丝质或网状花纹包覆全身、展现身体曲线的商品。

比起易受流行影响的袜子，性感连身内衣相对稳定。尽管产量仅有袜子的百分之一，但因为技术复杂、竞争者少，利润高达35%以上，较袜类多出三倍。选定转型目标后，魏平仪试着加入其他素材，如蕾丝、缎带、破洞等。顾客们反响热烈，美国情趣内衣大牌Hustler、Lovehoney等都变成了其客户。

不设限，杜绝客户"外遇"跑单

几年后，有客户询问陆友是否卖皮衣、皮马甲等变装搭配的商品。对此完全外行的魏平仪，除了再次召集卫星工厂"扩充大脑"，自己也跑去皮革厂学习："我不设限自己只做袜子，才能杜绝他们任何跑单的机会。"时至今日，陆友在全球性感连身内衣市场占有率最高，年产440万件内衣，拥有两千多种款式，约占整体营收的三成。

本文出自《商业周刊》1543期

制胜思维

制造生态系统

消费者在哪里，服务就在哪里？

新制造需要工业互联网，也就是机器与机器之间的联网（M2M），从而做到弹性化生产、智能制造。制造服务业需要一个跨产业的制造生态系统。HWTrek是一个新旧媒合平台，它帮买方找卖方、卖方找买方。它就如同生态系统里的蜜蜂，各种农作物需要通过蜜蜂授粉，才能得以继续繁衍。

至于飞捷和陆友则比较像是单一产业里的聚合平台，串联上下游的需求。我认为，在C2B的趋势之下，产业内的聚合平台，也将和产业外的聚合平台接轨，以应对个人化定制的需求。

一旦组成这种跨产业的生态系统，制造业就会发生往服务业发展的“质变”。例如，以前POS机只要以系统为中心，整合上下游厂商，变成一个产业联盟，就能满足客户需求。现在，POS系统是不是还要整合微信支付、支付宝等金融科技系统，建立跨产业的生态系统，才能满足客户的需求，这些都有待思考。

以上所说其实都围绕着一件事情，就是“个人化”。如果个人化和碎片化是C2B的本质，那么无论是新零售、新制造还是新金融，最终都是以消费者需求的“服务业”为中心来运转的。

Consumer to Business

Tomorrow

明天

新金融

企业衡量创新的那把尺，
不在于科技上的突破，
而在于创新对顾客及市场的重要性：
能否创造新价值，使顾客更加满足？
这里有个显而易见的例子：
“分期付款”对顾客及市场造成的冲击，
绝不亚于 20 世纪其他伟大的科技发明。

—— 现代管理学之父 彼得 · 德鲁克（Peter Drucker）——
1992 年德鲁克谈未来管理

第四章

冒险探索的新金融

“钱”的演化，在人类文明史上经过了从贝壳到黄金再到纸钞的几个阶段。到了新金融时代，则演化成了“信息”。事实上，从你的钱进到银行户头开始，就已转化为一连串的数据信息。随着网际网络和云端技术的演进，这些数据信息将和你个人的支付、储值、理财、融资息息相关。而银行在未来也会从金库保全，转化成信息库安全的组织。

未来，新金融的样貌将会是整合金融科技（FinTech）与服务能力的金融云，以达到：

运用基于数据的信用体系，建立更加公平、透明的互联网金融，以支持80%的中小用户、消费者的普惠金融。

基于数据的信用体系，是以云端计算、大数据等掌握用户的真实数据，据以发展的征信系统，以这个数据征信系统为核心，再拓展到授信、理财等传统金融业务。普惠金融则是改变过去传统金融服务（以银行为代表）只帮助富人寻求更多获利、同时帮助他们规避风险的现象，让更多小微企业或个人，也能享有融资或理财的服务。

要达成普惠金融，首先要解决信用数据不足，导致投资人不敢投入资金的问题，之后还须解决小额借贷因获利较少，与交易成本不成比例的问题。因此，运用基于数据、公平透明的征信系统，就是达成普惠金融的基础建设，这就是马云所说的“让信用变成财富”。

数字金融化还是金融数字化

互联网与金融的结合大大降低了信息搜索成本与交易成本，也重塑了金融服务的模式与功能，让以往各自独立的金融、社交、消费得以互相融合。例如，蚂蚁金服旗下的征信业务“芝麻信用”，就因掌握了最大电商平台（天猫和淘宝）跟主流支付工具（支付宝）的数据，使得信用评分更准确。以芝麻信用为基础，蚂蚁金服又发展出网商银行（中小企业贷款）、蚂蚁达客（众筹平台）、蚂蚁花呗及蚂蚁借呗（个人借贷）等融资服务。

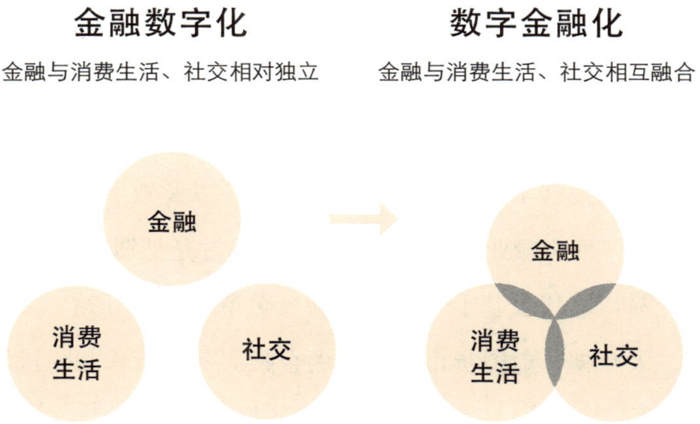

图 4-1　互联网与金融的结合

当互联网可以整合消费者的金融、社交、消费，做到个人融资服务时，就已经成了一种数字金融化的生活。这也让我突然很想到附近的银行分行走一走，因为不久的将来，我们可能要向下一代说，很久很久以前，这里存在着一个古老的行业，那个行业叫作“分行”。为什么这么说呢？因为，“数字金融化”与“金融数字化”是完全不一样的。前者是“数字生活”，强调的是生活，是一种“互联网+生活+金融……”的思维；而后者则是“金融交易”，强调的是交易，是一种“金融业+互联网工具”的思维。

“数字生活”强调交易成本，“金融交易”重视运营成本。根据二八法则，企业80%的获利都来自20%的客户，但在数字环境中并非如此。数字化的服务造成交易成本大大降低，那些银行不想理会的小微市场因积少成多，反而成为数字金融的主要市场。专做银行不想做与不能做的市场，将成为数字金融革命的第一枪，之后再反扑主流市场。从事与互联网职业有关的人所看到的是移动支付后面的数字生活，以及数字生活所产生的大数据，而金融业看待移动支付，只不过是把钱从a移到b的金融交易，这代表基于互联网的新金融革命已然开始。支付、储值、大数据、虚拟货币，这四大金融服务的运作和思维将被全面革新。

互联网金融的四大革命

目前有四种主要的支付方式：

1. 电子支付：可以绑定信用卡账户与储值的方式，从事代收、代付与简单转账的功能。

2. 移动支付：当作银行信用卡的载具，或是建立独立的信用卡收单平台，使用现有信用卡支付系统。

3. 电子凭证：可以储值，但不可以转账。

4. 第三方支付：只可以代收、代付、买方先付钱给第三方，等买方收到货品后，第三方才会将货款支付给卖方。

支付后会产生小额储值，且交易成本降低。接下来，储值就会产生小额财富管理、小额个人借贷。银行的业务主要就是存款（储值）、理财、保险与借贷。过去，信用卡预借现金是

图 4-2 互联网金融的四大革命：支付、储值、大数据、虚拟货币

用简单的信用调查和高额利率来管控风险的，但是未来个人信贷靠的是大数据征信，这就使得风险管控的成本大幅降低。

因支付之后会产生大量的交易数据，于是大数据的应用成为数字金融业的新能力，这一能力包括数据挖掘、舆情分析、流式算法三类。数据挖掘针对的是结构化的历史交易数据；舆情分析则是利用历史社群非结构化的言论，作为好评与差评的声量监控；而流式算法则是针对即时传感器与物联网收集的信息，做即时智能化的响应。有了这些个人化金融的大数据，数字金融业也将成为电商的服务商之一。

接下来，虚拟货币就会开始挑战传统金融业。在新金融的架构下，货币将只是一个以物易物的点数。过去游戏点数与游戏币碍于法律无法跨行跨业，但在技术成熟之后，虚拟货币将开始在真实世界中流通。让我们想象一下，如果未来苹果公司发行苹果点（Apple Credits），可以用来购买苹果平台上的商品，也可使用NFC感应式交易，以支付苹果点的方式购买星巴克咖啡与其他商品服务的话，到时世界货币就不会再是“美元”，而是“苹果点”。如此一来，各国货币政策岂不大乱？

当金钱只是个符号或点数，这就给了互联网从业者从事金融业务的机会，也就是现在的金融科技新创企业。但是，传统金融业已经有一套严谨的方法来维持金融的安全与秩序。对于金融科技新创企业天马行空的破坏式创新，一向严谨的金融业非常担心形成一场“哈士奇和狼的战争”。

哈士奇与狼的战争

新金融的破坏式创新，可以分为由传统金融业（银行）主导的“金融互联网”，这一方好比是文明而富有教养的哈士奇。另一方是金融科技新创企业主导的“互联网金融”，他们就如同是不惜使用野蛮的方式求生存的狼。

当一群野蛮的狼冲撞法律时，就势必会造成哈士奇的骚动。哈士奇有一个特性，就是主人把骨头（金融科技）一扔，全体哈士奇都会去抢这一根骨头，这是模仿狼的行为，只不过它们抢骨头的目的，不是因为饿了，而是为了好玩。因为他们主要的食物来源，不是这根骨头，而是主人给的饲料。狼不一样，他们抢骨头是因为真的饿了。狼为了生存，会闻到血的味道，而这血就是“账户的数量”。以阿里巴巴为例，即可叙述狼的演化过程。

演化一：由电商账户到支付账户，得账户者得天下

电商一开始，因为信用卡不普及而难以发展，为了求生存，阿里巴巴在2004年就发展出代收代付的第三方支付。不过，中国人民银行于2010年颁布了《非金融机构支付服务管理办法》，相继发了数百张第三方支付牌照，其中以拥有淘宝用户数的支付宝独大。

这就是我说的“得账户者得天下”，支付的重点不在转账，而在拿到超过8亿的电商账户数。之后微信支付奋起直追，靠着它已有的社群媒体账户与发红包策略，得到了另一半天下。

演化二：支付账户到理财账户，交易成本降低，解构金融业

有了储值，接下来就是理财。2013年，支付宝与天弘货币基金联合推出“余额宝”的理财业务，这对金融业产生了莫大冲击。这项冲击主要来自互联网金融的低交易成本，让一块钱人民币也可以投资。因为发行时机（货币基金高达7%收益率）与长尾的力量，余额宝推出半年，基金规模就超过了整体货币基金产业的规模。

存贷款的利息差是银行主要的获利来源，但是法律对银行

存贷款的利息规定了上限。相较于互联网金融的利率，人们更愿意把钱都存入余额宝，这就造成银行必须要以更高的利息向同业拆借，于是进一步提升了货币基金的收益。这时就会逼迫传统金融业进行反击，提升交易成本障碍，譬如限制金融卡转入余额宝的金额每次不得超过5000元、每日不得超过2万元、每月不得超过5万元等限制政策。

此外，传统金融业也开始要求余额宝应该和商业银行一样，缴存20%的存款预备金，并取消“提前支取不罚息”的优惠，这让余额宝的一年收益率下降到约1%。

演化三：由支付账户到生活账户，由线上走向线下

线下的人数总比线上多。2014年，这群线上的狼开始大举往线下进攻。2014年，阿里巴巴与腾讯在两个月之内彼此竞赛，花了超过15亿元人民币作为乘车补助。意图利用乘车的补贴，扩大其各自移动支付的账户数。

微信抢红包也是，如果你没有绑定移动支付，系统通常会让你抢到大红包，以刺激你使用移动支付。此外，阿里巴巴推出口碑网，连台湾的宁夏夜市也成为其获取账户的路径。这场得账户者得天下的战争，已由线上电商走入了线下的各行各业。

演化四：支付账户到大数据账户，P2P的基础建设

陌生人可以信吗？网络是一个P2P（个人对个人）的世

界，要管理彼此的P（个人），靠的是大数据。2015年，支付宝推出了芝麻信用分数，信息科学家收集来自政府、金融机构、电商平台、支付工具的数据，依照“信用历史”“行为偏好”“履约能力”“身份特质”“人脉关系”五项个人信息，给消费者打出350～950的信用分数，600分以下就是信用不良。我相信，当此项基础建设建立之后，新金融面临的挑战将是P2P借贷的商业模式，以及去中心化的区块链技术。

个人化金融与众筹

四次演化，我们可以看到哈士奇是被豢养的，已经失去狼性，而狼是放养的，野性尚存。所以，几乎所有破坏式创新一开始都违法。当初网商违法不开发票；现在优步违法，因为司机没有职业牌照；爱彼迎也违法，因为房东不缴税；互联网金融也违法，因为金融业是一个被强制监理的业务。我们到底是要用过去的法律、规范破坏式创新的未来，还是要修改法律来帮助破坏式创新步入正轨，惠及更多人？

赢在细节、输在格局。新金融的意义，不仅是规范了个人化金融的流程细节，更要看到互联网金融所带来的大格局的改变。

在新金融的世界中，借贷与监管的责任有一种“去中心化”的趋势。在P2P借贷平台中，我知道是谁借了我的钱，也

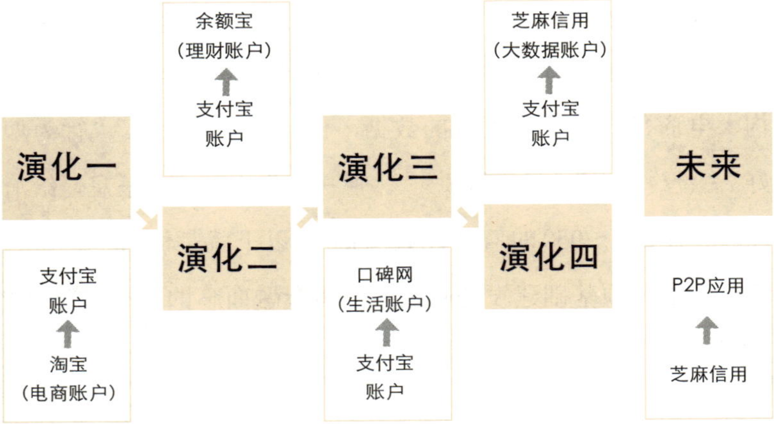

图4-3 互联网金融的四次演化：得账户者得天下

知道他的信用等级，如果借款对象信用较差，我就有可能赚到较高的利息，因为信息对称，我也知道多少存款利息是合理的。更重要的是，借贷平台将整合你所有个人化金融与网上行为的大数据，计算出你个人化的信用分数。如果你的信用分数太低，例如芝麻信用分数低于600分，你不仅借不到钱，在网络上也会交不到朋友、找不到工作、租不到房子、叫不到计程车、订不到餐……

当信用成为人们网上交易的最大资产，我就不愿意因为小额欺诈而严重损及我的信用分数，这种P2P借贷的欺诈吸金风险将会降到最低。**去中心化的大数据信用分数将是新金融的基础建设，进而衍生出互联网融资、网络个人借贷平台(P2P)、智能理财机器人等个人化金融服务。这也是一种C2B**

的思维。我们必须对C这个消费者有充分的了解之后，才有办法做许多C2B的个人化服务。过去在B2C的商业模式下，需要有一个值得信任的中心（银行或店家），但在C2B的模式下，需要的是值得信任的客户，而评判这位客户是否值得信任，就要有大数据。

众筹也是一样，由C这个消费者先提出他的运营构想，认同并信任C的人够多，就可以筹集资金从事生产或运营。我们可以看到，众筹已从公益式的捐赠型众筹、预购商品式的回报型众筹，渐渐演变到债权型或股权型的众筹，也就是从活动、生产，渐渐转为投资。要降低这些众筹企业或平台的投资风险，最终还是得靠以数据为基础的征信系统。

只不过，个人信用扩张、互联网金融野蛮式生长，已造成P2P借贷平台吸金落跑、虚拟货币价格暴起暴落。因此，逐步走向规范化的新金融，现在仍是一场建构承担风险能力过程中的大冒险。

个人金融／创新案例 26

把痛点变商机，线上核贷快四倍
数字金融先行者：玉山银行

小档案

玉山银行数字金融部

成立时间：2015 年

人数：140 人

成员背景：IT、数字营销、社群、风险控制

代表作：e 指可贷

成绩单：玉山的信贷案例，四成来自该平台档案

银行业已经是数百年老产业，但金融科技的发生，让他们开始正视“想顾客”这回事。他们这样转变的主因是，科技将使金融交易的发生无所不在，取代者也会越来越多。玉山银行正思考与观察着消费者，并找出他们的痛点。

数字核贷，玉山节省30%成本

2015年，玉山先针对一般个人，推出“e指可贷”服务。他们观察到，每次顾客走进分行想要申请信用贷款，在填完申请书后总会急切地问：“我可以借多少钱？”银行职员标准式地回答：“不好意思，我们要先做完征信调查，可能2～3天后回复您。”

“那我的利率是多少？”顾客问。

“这也要先做完信用评估后才能回复。”银行职员回答。

“程序走完，我最快什么时候拿到钱？”顾客再问。

银行职员则回：“一样是要等信用评估之后才知道。”

顾客无法在银行立刻获得答案，最后只好转往邻近的银行继续询问。“既然他们立刻要这三个答案，我们就立刻给。”玉山银行数字金融事业处负责人李正国说。于是，玉山发展出了信贷平台，顾客只要回答18个选择题，三分钟内，其个人化的额度、利率就会立即显示在荧幕上，而且，有90%的案例最后都会核准。

申请人只要一天内备齐文件给银行，最快只要隔一个工作日，就能拿到资金，顾客的等待时间就是过去的五分之一，相当于快了四倍。这是很大的转变。过去，没有一家银行敢把自己评估顾客的指标放到公开网站上，因为要给顾客多少钱是银行的权利，怎么能让顾客知道银行究竟是怎么评估的。而令银行个人金融部门更不安的是，没有经人工审阅和判断就核发资金。因此，在推出线上数字信贷的头一年，玉山仍双轨并进，每一笔线上申请的案例，也要让核贷人员审阅。最后，他们发现每一笔由电脑做出的顾客信用评分，都和人工逐笔判断的结果一样。李正国用实例证说服了个人金融部门：“交由电脑来核贷后，人力就能放在更需要人工去判断的案例上。”

现在，玉山的信贷项目已有四成来自e指可贷平台。玉山一年的信贷金额超过900亿元台币，和过去处理贷款所需的昂贵人力相比，平台帮银行节省了30%的成本。上线两年多，通过e指可贷拨款的案子，呆账率比人工审阅还低。玉山银行的数字申贷平台，是由数字金融负责人李正国带领的一群平均年龄在35岁以下的人才共同开发的。他们有效地解决了消费者“贷款恐惧症”的困扰，玉山银行的信贷业务量排名比前十的同行业机构所创业绩的平均值高出一倍。

人工征信慢，大数据征信把痛点变商机

为何信贷模型工厂能打造出新蓝海？其优势之一是：运用“大数据征信”的科技力，能分析客户在社交平台或其他网络平台上的公开发言、交友状况，从而把这些信息作为建立征信数据库的根基。这个做法完全脱离了传统金融业的窠臼。因为金融业对一般民众进行征信时，最常依赖的就是对方提供的职业、薪资水准等数据；二是台湾金融联合征信中心的借贷和还款记录。

而要取得台湾金融联合征信中心数据的前提是对方必须借过钱，从未借过钱的人就不会有记录留在台湾金融联合征信中心。而参考对方个人薪资因其服务单位、职位或薪资水平达不到标准，借贷不成的概率仍然偏高，恰恰这种人又占了借贷人

群的大多数。换言之，仅通过这些数据做征信判断，太过局限，容易错失合适的客户。面对这些“信用空白”的客户群体，玉山银行决定通过长期累积的数字创新力，打入各大网络平台来开发信贷模型。

扩大征信范围，看点赞数开发信用空白户

李正国指出，在客户同意且社交平台内容公开的前提下，通过代码进行爬取、搜索后发现：通常一个人的朋友人数越多，信用状况就越好；发表一则动态后的点赞人数越多，代表其活跃度越高，通常是能力越受肯定或社会经济地位越高的人，就可能是潜在客户。

一个人在社交平台上分享的购物、用餐等相关信息，也在玉山银行的大数据分析范围内。李正国举例，若客户常在社交平台上分享欧洲旅游照片，或在五星级饭店享用一顿上万元的餐点，即使没有借款记录可参考，亦足以推断其社会地位和经济能力应在中等之上，正常情况下，其信用状况和还款能力相对良好。

另外，如果客户在申报条件中的职业栏中注明自己是某公司的工程师，银行亦可通过代码汇总客户的交友圈和发言来验证，比方说其好友中是否有一定比例的工程师，他是否写过与工程师相关的帖文，回复过与工程师相关讨论帖，等等。凡走

过必留下痕迹，倘若某位顾客与银行没有借贷往来的记录，却多次打电话到客服系统，询问自己的卡费缴交状况，理应是对于自己的信用记录和相关权益的相对审慎者，公司可以通过大数据来选出这群人，并列为优先借款的对象。

辨识偿债能力更准，潜在客户多三成

因为玉山银行比其他人更能精准辨识顾客的偿债能力，故衍生出信贷模型工厂的另一项优势：在一般银行拒绝放款的客户中，找到超过30%违约风险相对低、适合放贷的对象，进而带动信贷业务量。玉山银行内部统计指出，2006—2009年所有申贷案中，有超过63%的客户被拒绝。玉山银行交叉比对公司和台湾金融联合征信中心的数据后发现：这63%遭拒的客户当中，有将近32%到其他银行借贷后，仍正常缴款，并未违约。玉山银行通过信贷工厂模型的机制，找出这群先前因人工征审过于谨慎保守而错失的客户，让他们成为公司的放贷客户之一。

刘先生的故事，正是一例。他原是一家手摇式饮料店的老板，但在金融危机期间，因店面经营不善，被迫结束营业，他也曾几度因缴不出信用卡费而沦为卡奴。几经波折后，刘先生终于转职成功，在一家中小企业担任技术人员。他想在就读高中和幼儿园的两个孩子开学前，申请信贷来缴学费，但询问数家银行后，通通遭拒。玉山银行经过内部系统评估后发现，他现在收入稳定，还款无虞，故准予核贷。

像刘先生这种“前卡奴”，在一般银行眼中属于高违约风险人群，但在玉山银行眼中却成了新客户。根据玉山银行统计，台湾金融联合征信中心贡献的内部信用评估占70%，个人提供的数据约20%，数字平台则占10%。李正国估计，数字平台的贡献度会续创新高。

如果上至富商巨贾、下至月薪上万的小资族，银行端都能通过后台的数字运算技术，提供一样迅速、方便的服务，不会再有大小眼的差别待遇，就能落实一般人最期待的数字金融带来的“普惠金融”之精神。

本文出自《商业周刊》1534、1512期

个人金融／创新案例 27

台湾经验，孵出李嘉诚也青睐的微金融
国内最大 P2P 借贷网：我来贷

小档案

成立时间：2013 年
创始人：龙沛智
主要业务：网络借贷平台，提供小额信贷给大学生、职场新人
投资者：李嘉诚、红杉资本、马来西亚主权基金、ING 银行、广东省政府

这家公司叫“我来贷”（WeLab），一个直白到近乎市井的名字。该公司于2013年在香港成立，短短三年已有超过250万的活跃用户，申请贷款金额逾100亿元人民币。这个数字，比成立12年的英国最大网络借贷公司Zopa的贷款金额还要大。

2015年堪称中国互联网金融灾难性的一年，因为经济增长趋缓，银行不良贷款率飙升，坏账连连爆发。根据官方统计，当年全国逾3600家P2P（Peer-to-Peer，点对点）网络借贷公司中，有一千多家倒闭，平均每天倒掉三家，爆雷率高达三分之一，呆账金额高达150亿元人民币。

然而我来贷不仅没有受到影响，业务量反而逆势增长，并且吸引了政府、大型银行等投资者抢着入股，创下中国互联网金融新创公司B轮融资的新高。

找出传统银行借贷困境

我来贷被《福布斯》（*Forbes*）杂志评估为市值为10亿美元的金融科技公司。创始人龙沛智与总经理陈俊仁都不是硅谷理工专业出身，而是银行界外商、信用卡龙头的高层主管。他们在信用卡市场方面的经验，让他们深知传统金融的商品设计与缺陷所在，而且一直在想办法用网络科技去解决，这与一般金融科技新创公司从科技切入金融完全不同。

一位马来西亚主权基金人士分析，太多金融科技公司只想凭着网络概念来创业，门槛低，而我来贷选择与银行合作，“解决银行解决不了的问题，才有存在与成功的价值”。

龙沛智接受《商业周刊》专访时说，每个人进入社会上班，都会开设银行账户，银行已经拥有上千万人的客户数据，要跟银行抢客户，基本上是难如登天。我来贷的客户是一般银行接触不到、没有信用数据的大学生。这群客户没有薪资记录，在联合征信中心没有信用数据，基本上是银行接触不到也不敢放款的人。

大数据评信用，三分钟填数据，一天内放款

“借贷最困难的地方，就是十个人坐在你的面前，里面有好

人，也有坏人，但你不知道谁是不会还钱的那个人。”龙沛智说。我来贷的能耐，就是拥有一件独门武器：一套能用大数据模型，计算出贷款者还款能力的信用评分机制。传统银行的做法是要求贷款者填写一堆书面问卷，调查其身家背景、职业、财力证明、信用记录、征信数据等，并经过多次面谈，据此判定放款与否及放款金额大小。不仅旷日废时，收集到的数据也未必能证明借款者的还款能力。

举例来说，一个在士林夜市卖鸡排的摊贩，他可能连高中都没有毕业，从未有过正式工作，做生意都是用现金，没有信用往来记录或报税数据。即使月收入超过30万，拥有优良的还款能力，一般银行还是不愿意借钱给他。P2P的兴起，正是要解决这个问题。从业者在网络上架设平台，把有钱的人与缺钱的人聚合在一起，在省去银行繁复手续的同时，也能触及更多群体，不过，其征信流程却如同民间借款般粗糙。有的平台只要求上传照片、数据，却无法验证借贷者的真实性，更多的连担保都不做，要求双方风险自负。这就造成了整体弊端丛生，甚至让P2P金融沦为洗钱、非法吸金的代名词，这波借贷公司倒闭潮正好反映了这种状况。

我来贷刚好能弥补这两种方式的缺陷，它不需要调阅一堆联合征信记录，借贷者只要花三分钟填完基本数据，一天内就能完成审核，即时提领现金。而我来贷之所以能这么高效优质地完成这些步骤，关键就在于它的数据来源。借贷者下载App

类别	一般传统银行	我来贷	其他P2P从业者
主要放款对象	企业、有信用基础的个人	大学生、职场新人	所有人
呆账率	1%~2%	0.5%（风险最低）	30%以上
审核时间	1周以上	1天之内（最快）	3天以上
审核通过率	40%~50%	20%以下	70%以上
费用率	10%~16%	24%	28%~60%

注：费用率指借贷者需要支付的手续费、服务费、利息等总费用占借款额度的比率。
数据来源：中国互联网金融行业协会、我来贷。

图 4-4　三种个人借贷放款模式比较

的同时，必须同意授权让程序抓取手机内部的各种数据，例如通讯录、短信内容、社交网站信息记录等。

用通讯录、短信判断还款力

陈俊仁解释，该公司研发出的程序，会自动交叉比对数据相互间的真实性，最后算出一个信用评等分数，作为放款与否及金额大小的判断依据。我来贷还能根据手机里的通话记录、短信内容，分析出借贷者的信用评级。

通过这种用程序解读大量非结构化数据的方式，我来贷大幅降低了借贷风险。龙沛智表示，我来贷至今尚未出现被欺诈的案件，呆账率仅0.5%，而一般银行则达到1%～2%。我来贷之所以能有这种准确度，是龙沛智与其团队花了一年的时间，分析了两亿多笔大数据的结果。“我们把借钱这件事，拆解成许多细小环节，一个个用数据去对应、定义、分析，这是一般银行做不到的。”龙沛智说。

不抢银行生意，定位大学生、菜鸟群体

相较于一般金融科技公司想要取代银行，我来贷反而与银行合作，他们从银行端取得资金来源后，再放款给大学生与职场新人等没有联合征信记录的群体。这样等于是帮银行开拓了新客源，包含ING、中国邮政储蓄银行等都是他们的合作伙伴。目前，我来贷最高贷款额度是人民币两万元，期限最长为一年。“我们抓的是长尾后面小额大量的那一端，不去跟银行抢企业或大客户的生意。”陈俊仁说。

“他们在进行的是一场革命，完全颠覆了传统的风险评估方式！银行从业人员多年来想做却做不到的事情，他们做到了！我来贷走的是蚂蚁金服、微众银行那样小额大量的路线。虽然无法确认其大数据计算模型是否真的这么厉害，但就目前的成

绩来看，这几乎是去跟银行要钱，借给一群一定会还的人，这生意太好做了！”在风控领域深耕20年的勤业众信风险咨询总经理万幼筠说。

在这个金融科技创业蔚然成风的时代，我来贷的成功模式或许能给金融从业者不少启发。

本文出自《商业周刊》1472期

个人金融／创新案例 28

宅男部队，抢走银行新台币 120 亿元换汇生意
全球第一个 P2P 换汇平台：TransferWise

小档案
成立时间：2010 年
创始人：辛里库斯（Taavet Hinrikus）
主要服务：全球第一个点对点换汇平台
成绩单：一年经手全球 19 种币别、新台币 120 亿元的换汇业务

金融服务业为英国创造的工作机会超过200万个，光是在1000平方米大的伦敦金融城里，就有超过2500家公司以金融服务业为生。这些穿着定制西装的银行家，可能没料到自己的工作正受到威胁。而敌人，距离他们不过三个地铁站的距离。

涂鸦、褪色的油漆和砖墙上的绿草，这里是曾沦为治安死角的东伦敦，3000多支创业团队以此为基地，“进攻”着各个产业，金融业是其中最受瞩目的“受害者”。

我们走进了一栋名为“茶楼”（The Tea Building）的建筑，拜访TransferWise，这是全球第一个“点对点换汇”（Peer to Peer Lending）平台。通过这个平台，人们上网就可以直接跨国换汇，而不再需要通过银行来办理。

点对点换汇，免高额手续费

这种新服务，就是把“点对点”（P2P）技术用在金融交易

（如换汇、融资等）上，利用网络使用群（Peers）间交换信息的互联网体系，便能进行资金借贷、外汇买卖。《经济学人》形容这是“科技宅男最强力复仇”！过去三年，这群宅男让“点对点融资”的金额增长了30倍，他们“正在单挑那些大到不能倒的金融巨兽”！

我们见到了这群宅男的首领辛里库斯（Taavet Hinrikus），听他谈与巨兽的对战。29岁的他在他国工作，每次汇款都会对他的资金造成亏损，于是，领欧元薪资的他和在伦敦工作的好友讲好，每个月，他将欧元汇进好友账户，替他偿还贷款，好友则将等值英镑，汇回辛里库斯的英国账户。

TransferWise的平台雏形于此诞生。“你想想，伦敦有多少外国白领？”曾是Skype第一号员工的辛里库斯认真地说，他认定这个模式的市场潜力，于是和好友带着250万元的创业金，开创了TransferWise。辛里库斯说：“我们其实就是让换汇服务更快速、更便宜、更透明！”现在，一个德国人通过TransferWise，将1000英镑转回家乡，手续费只有4.5英镑，仅是一般商业银行的10%。

锁定旅外白领，靠社群试用再修正

一开始，他们只有250万元的创业资金，他们办公室的墙上还能隐约看出过去作为茶叶仓库、培根工厂的痕迹，这样的环境不足以让人相信他们，并将钱交给他们。“信任是我们最大的关卡。”辛里库斯说。银行靠的是庞大的金融资产和百年信誉，TransferWise必须靠“社群力量”。他们锁定各国旅外的白领阶层，一一拜访这些社群，用优惠政策邀请他们试用，再靠着反馈意见修正，请他们上网提供心得。于是，在英国最大的第三方评测网站Trustpilot上，TransferWise拥有五颗星的评价，在线上金融服务中排名第五，而PayPal只有三颗星不到，连前20名都没排上。没有广告预算，靠着口口相传，TransferWise每月营收以20%～30%的速度增长，平均每次汇款金额超过1500英镑。

两年取得政府背书的认证服务

取得消费者信任后，下一关是政府认可。他们以超过两年的时间，获得了与英国金融市场行为监管局（FCA）的密切合作，他们修改内部系统并请政府为他们提供认证服务。如今，TransferWise的员工人数仅35人，比一家银行分行的职员还少，但经手的汇款总额却逾2.5亿英镑，提供服务的币种达19种之多。TransferWise的突出表现让其成为脸书早期投资人、PayPal创始人蒂尔（Peter Thiel）在欧洲的第一桩投资案，TransferWise第一轮融资就拿到600万美元。

既不收较高的手续费，也不靠资产操作赚钱，TransferWise如何永续生存？“就像亚马逊对出版业做的那样。”辛里库斯说，他们和银行的思维不同，他们不用高薪聘请精英研发各种衍生性金融商品，也不想靠运作金融资产获利，这样做不仅替自己省了许多成本，还避开了风险。

辛里库斯说："我们就能继续追求更便宜、更好的服务，这样就不怕被淘汰了。"他们运用大量电脑运算，随时处理信息，等于养了一批不下班的银行职员。点开TransferWise网页，甚至能随时看见各种币别的进出状况。

TransferWise虽然尚未损益两平，但辛里库斯认为，薄利多销，获利是迟早的事。"当时也没人看好Skype，但它现在占了国际长途电话三成以上的市场！"他信心十足地说。被视为第一波金融创新服务的TransferWise，让保守金融业都动了起来。由14家国际金融机构共同出资的FinTech Innovation Lab计划，提供了空间、食物、资金来养这些小蜜蜂创业家。

巴克莱银行技术长凯拉德皮尔（Shaygan Kheradpir）坦承："金融服务中科技的角色越来越重要，只有新科技才能提供我们客户要的那些最新服务。"从一场实验到整个金融业创新，这场创业之旅仍在持续中，且规模越来越大。或许下次，当我们发现制度中的"不合理现象"时，正是一个前所未有的商机？

本文出自《商业周刊》1359期

个人金融 / 创新案例 29

电脑投资更准？索罗斯之子认输辞职
算法震撼金融业：AI 理财系统

小档案

“我能生存，是因为我肯认错。”金融大鳄索罗斯(George Soros)如是说。他的长子罗伯特(Robert)，日前辞去家族管理基金总裁一职，理由是电脑投资更准。这除了实践其父的认错哲学外，亦为“人脑 vs 电脑”论战再添一笔。

索罗斯有五个孩子，他退休后将其家族基金（Soros Fund Management）交由长子罗伯特打理。日前罗伯特辞去该基金董事会副主席兼总裁一职，并宣布未来将转型提供定制化投资策略。预测总体事件并押注，一如过去做空英镑、狙击港币等，都是索罗斯的成名作。不过罗伯特掌管的索罗斯家族基金，近年来已逐渐淡出总体交易（macro bets），理由是投资机会“乏善可陈”，原因就在电脑自动化交易。罗伯特称“电脑模型预测越准，就越难创造超额报酬”。

罗伯特之言反映出投资界的趋势：目前对冲基金有三分之一交易是用算法完成，全球最大资产管理公司贝莱德（BlackRock）、全球最大对冲基金桥水（Bridgewater）、华尔街龙头摩根大通（JP Morgan）等，都引入算法及自动化交易，2017年6月《经济学人》称电脑投资“已开始震撼金融界”。

过去电脑做的是“劳力”工作，例如2016年6月，摩根大通安装一个软件，号称每秒能处理12000份商业贷款合约，若要人工审查这些合约，须花费律师及贷款专员36万个小时。如今电脑已可“劳心”，如高盛的量化交易部门，利用电脑算法的语言处理技术，读遍分析师写的上万份公司财务报告，根据其内容的“正面”与“负面”文字数量对比，编制出“情绪指数”，并以此来择股。

这类电脑投资乃机器学习（ML，Machine Learning），它是人工智能的一种，过去应用在电子商务中，其主要作用是从庞大数据里找出客户偏好。如今被投资界用来从数百个市场里找出趋势，然而反观人脑，一次只能处理几个市场。咨询机构Opimas预估，2025年，华尔街从资产管理到证券交易各部门，总计将减少23万个工作机会，科技与信息处理的工作却逆势增长。以电脑投资的对冲基金，六年来年度回报率是传统对冲基金的近两倍。

失败率跟投资风险高，无法完全取代人力

虽然电脑投资是大势所趋，但也不乏质疑之声，其原因之一是在技术上的失败率高。近年来对冲基金报酬低迷，于是便视机器学习为救命稻草。然而，当他们付出实际行动后发现，从雇用计算机科学家，到开发、测试、上线交易，不仅要

花数年时间，还须忍受极高的失败率。分析师弗雷勒（Martin Froehler）对彭博新闻网称：机器学习会以人类意想不到的无数种方式出错，其失败率高达90%。

技术出身的专家亦有疑虑，量化交易基金Two Sigma创始人西格尔（David Siegel）是计算机科学博士，他称人们对计算机投资有太多不切实际的想象。他说："机器学习有极高的出错可能性。"另一位量化交易基金创始人格林（Douglas Greenig）是数学博士，他称近来电脑投资的预言，65%是营销伎俩。

第二种质疑来自投资风险。"新债王"冈拉克（Jeffrey Gundlach）就说："我根本不相信电脑能取代人脑投资。"他认为计算机算法使每个人的投资组合都一样，这代表着当他们决定要卖出所持股份时，市场就崩盘了。

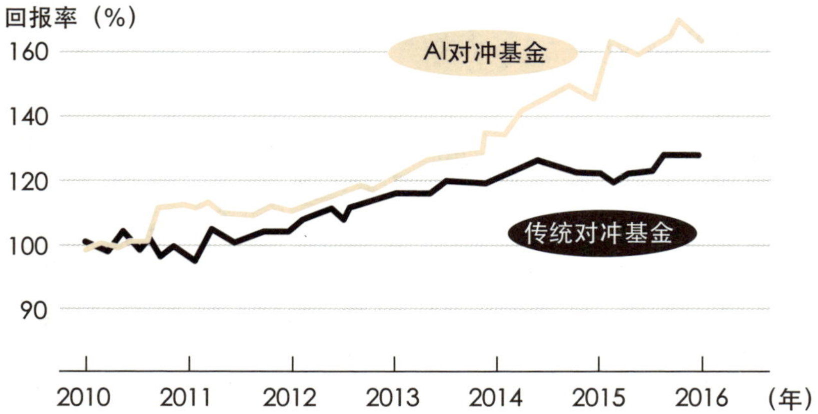

图4-5 对冲基金界，AI投资派胜出

对冲基金元盛（Winton）执行长哈定（David Harding）拥有物理学学位，他认为对冲基金评估资产风险，须依赖大规模运算，这类任务就适合用电脑完成，但电脑离自己做决定还很遥远，所以在当下完全不需要人脑是不可能的。

决定胜出者，会是成本效益

华尔街龙头之一的摩根大通，近年来不断地减少交易员，增雇计算机工程师，其执行长戴蒙（Jamie Dimon）说，计算机化不代表将裁员，至2017年3月底，摩根大通员工数反较去年增长4%。戴蒙认为公司在未来20年，员工数只会升不会降，人们对电脑取代人脑的担心“反应过度”。

电脑能否取代人脑，取决于经济学法则：任何生产要素在边际上皆可替代，电脑化程度越高，增加的边际价值就越低，此时改聘人脑就相对划算。因此一些技术专家说，人工智能未来完全取代人工，经济学与现实都否决了这种说法。

事实上电脑vs人脑，就和史上无数次机器与劳力较量的关系一样，决定胜出者的不是技术，而是成本效益。从汽车vs马车、电邮vs寄信，到如今电脑vs人脑。对人们来说，想不被取代，只有设法使自己变得比电脑更有用，这才是电脑投资风潮下最可靠的自保之道。

本文出自《商业周刊》1547期

制胜思维

个人金融

两阶段，有效管理P2P个人借贷

P2P借贷是否有吸金风险？当然有。假设我向你借3000元，年利率5%，你借不借？如果有10万人愿意借3000元给我，我就能轻易借到3亿元，但我只抵押了我的信用。如果有一天我不还你，你损失了3000元，可能摸摸鼻子也就算了。

所以，P2P借贷可不可怕？当然可怕。但是风险应该是用来管理的，如果只是一味规避，就是少做少错、不做不错停滞不前的旧思维。所以，我建议金融管理协会首先应该开放P2P借贷服务给向银行借不到钱的族群；金融科技公司也要先做银行不做的业务与小微需求，只有这样成功的概率才会高。

其次，风险必须要管控。美国的P2P借贷平台鼻祖Lending Club最多只能借35000美元，同时把信用评级分作A～G × 5的35个等级，依照等级，利息在6%～26%之间。因为我国民间借贷利率依据法律规定不得高于银行同类贷款利率的四倍，所以借贷对象的信用评级不能太差，此时大数据征信系统的建立就更为重要。

群众力量／创新案例 30

两度刷新中国众筹纪录
智能电动车商：小牛

小档案

成立时间：2015 年
共同创始人兼 CEO：李一男
运营总监：李彦
主要产品：智能电动车
成绩单：2015 年营收约 1.4 亿元人民币（估）

就在智能电动车Gogoro与博世（Bosch）集团合作时，于柏林推出电动车租借计划，作为欧洲市场前哨站后，2016年10月起，德国消费者也能买到被美国科技媒体《快公司》（*Fast Company*）选为2015年“中国十大最具创新力企业”的智能电动车“小牛”。

2015年中“横空出世”的小牛电动车，就在京东众筹上募得7200万元人民币，打破了当时的众筹纪录。

即使历经创始人兼CEO的李一男涉及内线交易，甚至传出车子刹车时可能导致事故的不良消息，2016年5月，最新一代小牛在众筹平台上，仍筹得约8170万元，再度刷新纪录。

挖出全新客户群体！让中国龙头雅迪抢跟进

能在网络时代取得成功，牛电科技首席运营官李彦接受

《商业周刊》专访时表示，他们成功的关键是小牛满足了中国城市青年的通勤需求，从而开拓出蓝海。李彦说："我们的用户近六成是第一次骑两轮电动车，这比销量更关键。"的确，单以量而论，小牛至今三款产品累计销量约13万辆，仅是传统电动车龙头雅迪年销量的4%；但以质来看，小牛改变了市场，定位出了新客户群体。

过去，电动车更多的是瞄准乡村或二三线城市居民、城市的外送员、打工族等。直到小牛主打智能防盗、数据联网，并用重量较轻的锂电池，解决了过去铅酸电池动辄30千克，难以提上楼充电等问题后，才拓展出20～30岁的城市青年市场。李彦表示，这些新的设计和服务，并非传统电动车厂做不到，而是因过去电动车厂瞄准的是从自行车升级到两轮电动车的群体。

此后，中国传统电动车龙头雅迪、爱玛等品牌纷纷跟进，推出主打智能联网、锂电池等规格的智能电动车，以此抢攻城市青年。有后进者跟进，代表小牛的眼光没错，但"车的本质还是交通工具，小牛虽有智能应用，但有硬件实力的厂商很快就能追上，且这些厂商原来就有绵密的销售网络，这是小牛没有的"。易能电网总经理王章平观察道。

李彦也坦承，目前电动车产业并不存在真正的技术门槛，而是小牛自豪的"使用者体验，其他人可一点一点把这些抄上来，没有问题"。他认为，小牛的优势是企业思维与文化比传统电动车厂贴近网络，能更快响应使用者需求，成为规格制定者，进而塑造使用者对品牌的认同。

跟Gogoro竞争？小牛：两者做的事没不重复

小牛定下五年后其产品在海外市场销售比重达二到三成的目标，他们以欧洲为首，也有意进军美国。但在欧洲，不仅德、荷等地都有本土电动车品牌，连分众更细的智能电动车，也有Gogoro正面交锋。在此重围下，小牛显得相对保守，不像当初靠众筹打响名气，迅速在网络建起核心社群，而是变换了思路。在德国，小牛仅将产品交由经销商代理。面对与Gogoro的竞争，李彦更认为不是问题。他指出，欧洲正从汽油车转向电动车，市场仍大，“欧洲市场，只算50毫升排量的汽油车，一年销量就有70～80万辆……我吃不下来，它（指Gogoro）也吃不下，我加它肯定也吃不下。”

Gogoro创始人陆学森也曾多次强调，公司的最终目标是发展能源管理系统，车只是产品之一。对此，李彦也附和：“如果Gogoro要做安卓（平台），我是要做三星（产品），我们没有重复……一家公司的基因在一开始就定下来了，我们就是做产品的公司。”

今天的小牛，就像三四年前的小米手机，他们善于操作网络且有一群死忠粉丝，重要的是他们打破了行业规则，一旦行业内每个人都这样操作后，未来的小牛究竟会是做大的三星，还是增长面临瓶颈的小米，或许，这就到了比技术创新的硬功夫的时候了。

本文出自《商业周刊》1512期

群众力量 / 创新案例 31

神秘社群三天团购 120 辆特斯拉 万亿元级网络人脉俱乐部：正和岛

小档案

成立时间：2012 年

成员：包括阿里巴巴主席马云、联想名誉主席柳传志、小米总裁雷军等，逾 70 家上市公司老板、3500 位企业家

参与众筹部落发起人：澳绰融资租赁总裁 薛靖中

成绩单：三天内成交 120 辆特斯拉电动车，成为特斯拉全球最大客户

一个中国神秘商人，用行动网络社群，在三天内成交了120辆特斯拉电动汽车，成了特斯拉全球最大客户。

这位神秘商人就是澳绰融资租赁总裁薛靖中。“正和岛”的成员，包括中国首富等级的阿里巴巴主席马云、复星集团董事长郭广昌，及联想名誉主席柳传志、小米总裁雷军等。目前，共有逾70家上市公司老板、约3500位企业家参与，可以说是万亿元等级的网络人脉社群俱乐部。

“靖中他头脑动得特别厉害，在微信发起团购特斯拉，真的是创举。”正和岛的台湾筹办人、皇冠集团董事长江永雄说道。另外，他发现薛靖中还发起正和岛“众筹（Crowd Funding）部落”并担任酋长，其部落超过500位企业家加入，作为活跃人物的他之所以爆红，靠的是两个“尖叫产品”。

我们抢的是欢乐！微信红包游戏发酵

薛靖中替微信红包创造出接龙的游戏规则，至少吸引了上百万人参与。“他把微信红包整个活化起来。”江永雄说，“为了抢微信红包，手都快断掉，后来结算，竟抢到7000多元红包。光是年初一到初七，用户发红包金额，就贡献给了腾讯5000万元。”这让移动支付对手的阿里巴巴主席马云也跳脚，对外说：“这是一场珍珠港偷袭！”

其实，薛靖中当初创造微信红包接龙游戏，只是起了玩心。年初一时，他发现正和岛的社群朋友明明很多，玩微信红包的人却不多。“有个成语叫‘叶公好龙’，意思是说我很喜欢某个东西，实际上这个东西在你面前的时候，你可能没感觉。”薛靖中透露。他取了“要就发”的谐音，设计一个198元的红包，并分成15份，谁抢到最大一包，就再发下一个，依序接龙。并且宣称：“我们发的不是红包，是态度！我们抢的不是铜板，是欢乐！”

刚开始，他们只在一个群组里玩，第一天，正和岛微信群组有上千人被“席卷”，后来大家把接龙游戏规则向其他社群复制，几乎有上万个微信群开始抢红包。微信红包巨大的传播效益，触动了薛靖中的敏感神经。他过去苦思一年，仍找不出如何让自家传统消费金融租赁业务使人“尖叫”，现在终于有了解答，他说道：“我从微信红包得来的灵感就是，把别人的尖叫产品和自己的结合起来，变成一个新的尖叫产品。”

于是，他又想出众筹特斯拉电动车的尖叫产品服务。薛靖中解释，众筹从字面来看是指筹集众人资金，实际上，他对众筹的理解还包括筹集大家的共同力量、资源甚至智慧。

我们众筹的是蓝天！特斯拉诉求环保爆红

一部特斯拉电动汽车要价约100万元，薛靖中却大幅降低拥有该款车的门槛，购买者只要首付10万元就可以把车开回家，其他则以分期方式加利息付给他。“这种购买方式等于是让所有企业家心甘情愿跟他借钱。”江永雄说。

薛靖中针对严重雾霾等环保问题，提出“我们不是众筹特斯拉，我们在众筹蓝天！”的活动口号，他用微信接龙游戏在企业家社群发起报名，有意参与者从1、2、3、4、5、6依序往下排。“这就是我们创造的模式，你认可，你才能来。”他补充说，“如果你不认可，就不是我们的目标用户。”

薛靖中的策略果然奏效，众筹特斯拉模式从正和岛社群开始，逐步扩散到中欧、长江商学院和环保组织阿拉善等主流企业家社群，24小时订单突破200辆，48小时则破400辆。最终受特斯拉出货量影响而暂时停止了销售。薛靖中在短短三天使顾客下单购买了120辆电动汽车，他不只成了特斯拉的最大客户，也促使自家做成了1.2亿元的生意。

薛靖中用创意改变了过去通过经销商拿到汽车，然后进行租赁生意的传统价格战模式，替自己开启了直接面对客户的全新营运模式。薛靖中的爆红故事告诉我们，在移动网络商机崛起的新时代，每个人都可以找到自己起飞的风口。

如果这个风口不存在，那就自己去创造一个。

本文出自《商业周刊》1399 期

群众力量／创新案例 32

改变资金流动方向的梦想家
台湾唯一众筹顾问服务：贝壳放大

小档案

成立时间：2014 年
创始人：林大涵
成绩单：迄今共协助客户集资 6 亿元台币，累积近 150 个客户
获新浪蒋显斌、三创郭守正等人挹注种子资金

他被退学两次，被一手参与创立的公司资遣，他是一个只有大学毕业证书的29岁男生，他的名字是林大涵。他的学习经历完全符合主流社会对失败者的定义，而他的故事，却将颠覆人们对失败者的想象。

在被公司开除后的一年里，他与同事共同创办的贝壳放大，为52个众筹团队提供众筹顾问服务，数量虽然只占当年台湾众筹项目的十分之一，募集金额却占总额的六成，将近3.5亿。从金马奖得奖电影《太阳的孩子》到火箭团队ARRC，再到在国际市场大受支持的3D打印机FLUX，都是他们的客户。

之后，林大涵又多了一个头衔：亚洲前30位“改变世界资金流动”的青年，与带着哈佛、斯坦福大学、摩根士丹利、BCG管理顾问，甚至硅谷投资人光环的各国青年，一同入围。这是《福布斯》杂志首次以“改变世界潜力”为标准，在全亚洲选出各领域30位30岁以下的创业家。“（他们是）在未来五

年、十年可能成为下一个比尔·盖茨或马克·扎克伯格的人。”《福布斯》亚洲资深网络编辑卫华娜（Rana Wehbe）受访时说。

迷惘的叛逆少年，教师之子逃学、泡网吧

从失败者到改变世界的青年，林大涵靠的是他曾经的一无所有。故事从他每天在网吧打10小时游戏的高二生活开始。以初中成绩高于99%考生的成绩直升师大附中的他，高二、高三却成了每天以网吧为家的逃学少年。他以不念书作为向都是老师的父母宣示主导权的方式。

林大涵和每个高中生一样，想过要成为社会认可的律师、政治人物、外交官等职业，但除了漂亮的身份职业，他却不知人生最终理想是什么。叛逆加上没方向，爱面子的他以“不盲从”作为理由，在逃课中度过高中。在考上台湾政治大学民族系后，他继续逃课，到了大二下学期，因为成绩太差被退学。之后，他重考进台湾大学图书资讯学系。选择脱离班上生活的他，连续参与两届台大艺术季的举办，目的是想从活动中找回自己的存在感。但祭典式的气氛之后，他发现自己什么也不是，跟他同年的人已开始就读研究生，他则青春将过，依旧在原地打转。一无所有的焦虑让他陷入了沉思。

火力全开的实习生，让太阳花登外媒却遭辞退

一次实习的机会，成了他人生的浮木。在一次活动中，他被当时的雅虎奇摩公关、后来的玖禾公关创始人周宜蔓招募，成为实习生，大小事都做的他开会也跟着出席会议。“主管用‘同事’介绍我的那一刻，我觉得人生好像有一点赶上进度了。”林大涵饶有趣味地说。

没多久，无名小站创始人林弘全邀请林大涵加入FlyingV的初创团队。“感觉好像中大奖，”林大涵回忆。为了这个等待已久的机会，还是学生的他把自己当作全职员工，急着在团队里面证明自身价值。他没技术，没学历，不会设计，一个新手要找到位置很有难度，但他和自己约定：没人做过的事、没人想做的事，就是机会，我能做的就只有“一直做”。

过去碰都不碰英文原版书的他，在五个月内把所有英文众筹网站、新闻报道全看了一遍，开始认真地研究各网站的契约条文。在当时大家对众筹还陌生时，游戏规则就在他的研究中已悄然有了雏形。

FlyingV早期提案者、后来的鲜乳坊创始人龚建嘉表示，当时他犹如一张白纸般去找林大涵，林大涵替他设定了文案、影片、赞助者的回馈方案等，之后，5万元的众筹目标简单完成。“后来任何想做众筹或众筹不顺利的朋友，我都叫他们去找大涵。”龚建嘉说。在创立FlyingV的第一个月，他不花广

告预算就让社交平台粉丝突破万人，从找众筹项目、剪影片、谈业务，甚至是实习生制度的建立，林大涵把FlyingV的存在视作自己的存在。即使在第一批核心团队因与林弘全理念不合而离开时，林大涵仍沉浸在开创FlyingV的刺激感中，那时正逢第30个众筹项目得到超过350万元的支持。他相信这条路能走下去，相信自己能完成梦想。

因为找到了奋斗战场，即使当时台大学籍被退，林大涵也不觉得心痛。即使肋骨断裂，他也还在办公室处理众筹项目细节。直到2014年6月，当FlyingV因为太阳花《纽约时报》广告募资在三小时内突破633万元而声名大噪，一手打造此项目的林大涵却接到“有偿解除劳动合同”的通知。

被驱离沙场的战将，海内外聘书找上门

林大涵被公司驱离的理由是他将FlyingV跟自己画上等号。他会因为主管每周带公司员工打篮球三次，不巧遇上客户网站宕机、没人处理，而寄信要求主管“改善”；他也会为抢下案子，自行决定降低抽成。有时，他还会代表公司出外演讲，分享众筹经验。在外界眼中，林大涵已然成为公司的代表，就连《福布斯》的人物介绍，也一度称他为FlyingV的共同创始人，直到林大涵去函才更正。

当主管只将他定位为产品经理时，他做的事情已经越线

了。收到辞退通知的当晚，他继续代表公司出外演讲。“那一刻觉得，人生完了……又被退学了。”林大涵说。当时26岁的他，已经“收集”台大、政大两次退学经验，再加上被FlyingV辞退，大学毕业的他陷入了迷茫。

第三次被“退学”，林大涵本来习惯性地要再次“逃避”，选择离开众筹这个战场。他被资遣的消息一传出，43份工作邀请就立即传来，其中包括年薪百万的邀约，要离开众筹对他而言相当容易。但FlyingV的四位伙伴接连离职，加上本来想以众筹协会传递知识的计划被熟识的长辈打断，他善于逃避的习惯终被内心的渴望取代。

林大涵自问自己是不是真的不想再做众筹？还是被“退学”的丢脸，让他不安？“对别人负责很简单，但对自己负责，很难。”他以“人生中第一次认真付出的事”形容众筹，也因为这样，他不再因为被退学而逃避。于是，他跟老同事一起分析现况，点出了一条新路，一条传统众筹平台走不了的路。

找回初衷的奋斗者，从单一网站到向全世界提案

以2014年前60大众筹项目为例，他们发现近七成的募资者希望有外包团队协助他们按规划执行任务，再者，七成的募资总额集中在6%的项目。只要他们抓对众筹项目，即使无法像众筹平台一样一年做上数百个项目，也能有机会赚取足够的顾

问费。因为他们能够做更深、更完整的服务，众筹的规模就有机会冲得更高。从过去做单一众筹平台，到带领提案者到国内外提案的众筹顾问，就等于从一座港口的经营，到带领大小船只行遍世界的导航系统。这是一次大的挑战，不仅服务成本更高，还必须说服客户，在被网络平台抽成之外再多付一笔钱给顾问。林大涵凭什么让提案者心甘情愿“被剥两层皮”？认识他五年的提案者、台湾吧的创始人谢政豪说：“忠诚。”

“有时候我自己都会想退缩，他会跟你说不行。”谢政豪说，“一个三年的计划，只有一个不放弃的人是不够的。”对做梦者忠诚，是因为林大涵过去就是个梦想不被认可的人。他用柏拉图的“理想型”形容自己的顾问服务，提案者告诉他目标，他用自身经验，告诉他提案的最理想形态。双方的信任便是关键。在第一次见面前，林大涵与团队会调查全球众筹网站，对同类型的提案，他会比较注重成效、消费者反应、媒体相关报道，同时对提案者做身家调查、优劣势分析。在见面时，他就因点出对方的问题与机会而赢得信任。林大涵自豪地说：“有信任，我们就能任性（策划）。”

女性用品月光杯提案者莎容企业有限公司品牌总监曾颖凡说：“一个男性那么了解月光杯的事，我真是被吓到了。”当她带着公司股东口中“不可能成功”的新产品来找贝壳放大后，仅过了五分钟，林大涵就认定月光杯有机会成功。从影片、文案、定价，贝壳放大一手操刀。月光杯几天就筹到大约

900万元。这表示新产品不仅会一炮而红，还会预先获利。“关键是让消费者知道，自己力量虽小，但每一次的购买可支持一个梦想，改变社会一件事情。”林大涵说。一个妇女用品的文案唤起了女性对选择的渴望，消费者写信告诉曾颖凡，他们受文案感动，愿意立刻刷卡支持。

和阴影共处的梦想家，小人物也可以改变社会

对梦想忠诚，让小人物相信自己能改变社会，让各种提案都可能实现，林大涵所做的正是自己过去的追寻。三次“退学”的阴影仍在，林大涵用“盖沙滩上的沙堡”形容外界羡慕的新路。

台湾百大MVP经理人的奖牌，无法解除林大涵的焦虑。他说：“我们只是在浪头上，这不代表什么。”公司第一年员工就增长至超过50人，他几乎睁开眼睛就在工作，假日也在公司。“不累吗？”我问。“很累，但总比逃避好玩吧！”他说。这一次，逃学少年没有转身逃开，而是冲上浪头，载着提案者在各产业中创造新“理想型”、新高度，也证明了被退学三次的自己，也能走出一条新路。

本文出自《商业周刊》1477期

制胜思维

群众力量

弱连接社会和酋长商务的体现

在新金融里，C2B精神的体现最早发生在众筹，这是因为弱连接管理在互联网时代下变得容易。举个例子来说，某明星的粉丝有200多万个，如果有一天，某明星向每一个粉丝发起众筹，借1000元来拍电影，200万个粉丝每个人借他1000元，他就可以轻易地筹到20亿元资金。

这是因为在弱连接社会下，我们接触的人越来越多。但在真实世界里，你要管理200万人很困难，经由大数据征信，管理200万人的借贷关系就变得相对简单。众筹就是这样的模式，所以才从众筹商品一直发展到众筹投资（股权债权）。

正和岛社团里的薛靖中，发起“众筹形成C2B的新金融形态部落”并担任酋长，吸引超过500位企业家加入。一次订购120辆特斯拉，就是酋长力量的展现，他的力量来自无数的单一消费者。聚寡成众，把价格制定权抓回到消费者的手里，就是C2B新金融的内涵。

Consumer to Business

Day after Tomorrow

后天

新能源 / 新技术

AI 不是有史以来最棒的发明，
就是人类史上最可怕的悲剧。
当人类的心智被 AI 放大后，
成就将无可限量；
若创造出拥有意志的超级 AI，
等于是自寻死路。

—— 英国知名物理学家斯蒂芬 · 霍金（Stephen Hawking）——
2016 年剑桥大学未来智能研究中心（LCFI）开幕演说

第五章

实现新商业文明的新能源/新技术

在这本书里，我们认为“新零售、新制造、新金融”是明天即将发生的事，而新能源（数据）与新技术（人工智能，Artificial Intelligence）则是后天可预见的事，因为明天的创新正在累积后天所需要的数据。

简言之，旧零售把人带到店里来（线上或线下），新零售则是把商店（线上和线下）带到有人的地方；旧制造是B2C的大量生产，新制造是C2B的个人化生产；旧金融是服务20%的有钱人，新金融是对另外80%的人也一视同仁。这些都是正在发生的改变，也是我们即将迈入的明天。旧技术是人类的工具（把人变成机器），新技术将是人类的伙伴（把机器变成人）；旧能源是喂机器石油，新能源是给机器数据；电子商务这个名词将会被淘汰，因为所有的公司都是电子商务公司，这将是可预见的后天。

从明天跨到后天，是一个由“大量定制化”迈向“个人化”的过程。这两者的差别在于是否有个人主动参与的大数据，因为新零售、新制造、新金融不只是聚合买卖双方的信息平台，更是一个掌握个人大数据的个人化平台。物联网的普及，加上AI技术日臻成熟，智能化C2B时代，将会比你自己更了解你自己，这将是一个新社会、新规则，更是一个新商业文明。

大数据，驱动产业革新的燃料

大数据，就是马云所说的“新能源”。

过去，标准化与定制化靠的是信息科技（IT，Information Technology），未来个人化更需要数据科技（DT，Data Technology）。DT也带来了第四次工业革命（工业4.0），因为物联网与感测技术的发达，工业能够即时探知环境的信息，做出更有效的响应与风险预防，同时还能监控每一个产品。当未来制造业都必须成为互联网和大数据企业时，新制造业要的将不仅仅是石油，它还需要大的数据为根基。

如果工业有4.0，那么服务业是否也有4.0？第一代的服务业靠的是人力良莠不齐的表现；第二代服务业是标准化的革命SOP（标准作业程序）；第三代服务业靠的是信息科技与通信科技革命（IT and CT），它讲求客户关系管理，是一种定制化服务；而第四代服务业变革则是讲求个人化，靠的是DT，一种随时、随地、随缘、随支付、随渠道思维下的信息互联的新零售消费。

有了个人消费行为的大数据之后，连接个人的社交生活，形成一个以大数据为根基的征信系统，进而发展出个人融资服务的新金融。讲到这里，你应该可以发现，驱动零售、制造、金融三大产业革新的燃料，就是大数据。

人工智能的美丽与可怕

在美好的后天，数据是燃料，人工智能的新技术，就是协助整个C2B新商业文明的引擎。从谷歌人工智能AlphaGo在围棋上彻底打败中、日、韩顶尖高手之后，电脑和人脑之争一直是讨论的热点。我在学生时代读过一本科幻小说，讲到一群外星人在宇宙中寻找可殖民的星球。后来那群外星人找到地球，因为地球被一群极低等的生物统治，这群低等生物就是人类。

小说中描述了人类如何低等，记忆力差，计算能力也差。从出生到步入社会，要接受20年教育；毕业时，又把过去20年所学的都忘了。但是，这群低等生物却发明出一种高等的机器，就是电脑，电脑的记忆力、计算力都很强，没有情绪也不会疲累。于是星际战争随即展开。依照畅销小说的逻辑，结果当然是人类赢了，因为人类有一种电脑没有的能力，就是思考能力和学习与创意能力。

自从2006年开始，在人工智能深度学习（Deep Learning）方面的研究大有斩获，语言图像识别、认知辨识，甚至行为预测的准确度都大幅提升。人工智能领域可以分为机器学习和自动执行两个方向。在机器学习（Machine Learning）上，**人工智能是一种“合成智能”(Synthetic Intellects)，通过无所不在的传感器、数字足迹、大数据，经由深度机器学习算法而得，对你的了解可能比你自己还多。**

过去，程序靠的是工程师的逻辑设计，现在则是靠电脑的大数据学习以及在深度学习中发现这个世界的特征来表达（Feature Representation）。比较可怕的是，人类智慧已无法理解人工智能发展出的逻辑。所以一个完全不懂下棋的人，可能教出天下无敌的高手机器人；同样地，一个不懂理财的工程师，也有可能训练出比自己投资还准的投资机器人，只要喂给电脑够多的学习数据。在自动执行（Supervised Autonomy）上，电脑可以在人类无法感知的时间内替人们做决策并采取行动，就像谷歌可以精准地投放广告；Amazon Echo可以接收语音，替你订餐、购物以及控制家电；社交网络可以帮你自动辨识人脸与挑选信息；理财机器人可以在计算大数据的同时，以每秒10万次的高频交易帮你低买高卖。当然，智能工厂、智能城市、各种机器人、无人驾驶……都是自动执行的代表。

由斯坦福大学团队成立的Willow Garage公司，已经开始免费提供具有机器学习、视觉、语言等功能模组的机器人操作系统（ROS）给各界使用，未来机器人的开发门槛会愈来愈低。

表面上看起来，人工智能能够带来许多利益，但也有可能，因为彼此竞争或保护自己的主人而不经意地毁灭他人。2010年5月6日，道琼斯工业指数莫名其妙跌了9%，1万亿美元瞬间蒸发。美国证券交易委员会（SEC）六个月后才搞清楚，原来是一群高频交易的理财机器人，在试探彼此交易策略的行动上失控了。因此霍金博士才说："AI不是有史以来最棒的发明，就是人类史上最可怕的悲剧。"他警告人们，人工智能具有毁灭人类的可能性。

紧握发展AI的机会

比尔·盖茨曾表示，如果能重回大学："我会选择AI、能源或生物科技为专业。"那么我们到底有没有发展AI的机会？31年前（1986年），我在台湾"清华大学"向贝诺尔教授学AI。1992年，我在美国取得博士学位，回到台湾科技大学教授的第一门课，也是人工智能。教了几年，人潮散去，预算删减。当时，大多数人都觉得人工智能没有什么产业价值。

但是，这一波AI的革命，我称为"新AI"，跟30年前我学的"旧AI"是截然不同的。这波革命约从2006年的深度学习研究开始。旧AI的专家往往认为新AI没什么，在技术上只不过是把类神经网络多加几层，同时将输入等于输出，算出特征量，在功能上就如同“回归预测”与“因素分析”的差别。

在旧AI的机器学习上，人类有一项重要的工作是选取“特征”，像在手写阿拉伯数字辨识上，人类直接以像素（pixel）作为特征。在人脸辨识上，旧AI会先识别人脸特征（如两眼瞳孔间的距离等），或是在预测股票时，旧AI要先选取股票市场特征（如基本面、技术面、消息面等变数），再做监督下的机器学习，这就等于人类是老师，告诉机器学习结果的对与错。

旧AI机器学习的好坏，取决于人类是否能够选取出好的特征，**但是新AI深度学习所做的最大的贡献就是，电脑可以自己找到特征表达的方式，不需要人类的监督教导，效果却比人类找到的还要好。麻烦的是，人类看不懂！**

新AI崭露头角是在2012年的全球视觉辨识大赛上（Image Net），历年来，世界各地参赛者的图片辨识率始终在74%左右的水准，但多伦多大学队伍竟达到85%上下，原来他们用的就是“深度学习”的新算法。一个准确率七成的技术是没有商业价值的，但如果达到九成以上，许多应用就产生了。像是语音识别方面，Amazon Alexa、Apple Siri、Google Now、Pepper都是商业化的例子。然而，新AI的产业化革命至今不过六七年，如何发展还是未知数。我认为，新AI至少会出现三个机会。

一、“产生AI服务”的大母体

世界上存在着几家大母体（如谷歌、脸书、亚马逊、微软、百度、阿里巴巴、腾讯），他们都要抢先成为新AI的操作系统。任何一家成功，都会让新AI如安卓（Android）一样普及。

二、“使用AI服务”的小前端

在母体上做系统整合，并发展前端应用，像智能制造、智能家庭、智能医疗等。

三、“设计AI服务”的数据化

我们要善用物联网传感器，设计自己的数据。与数字化不同的是，这一波AI革命要的是数据化。譬如有人会在汽车椅垫下布满传感器，以学习驾驶人座椅的习惯特征，形成防盗与防打瞌睡的智能系统。此外，金融科技的大数据征信、智能电表产生的能源智能管理，都需要“蚂蚁数量”的数据化。

有爱的服务业

我们有没有发展AI的机会呢？当然有，因为机会是创造出来的。人类的上一波革命是机械革命，机械出现之后，很多农夫都说："完了，有了机械之后，我们就没工作了。"工人也说："有了自动化设备之后，我们会没工作。"大家都很惶恐，但后来以为会没工作的人都成为知识工作者（Knowledge Workers）。也就是说，如果没有机械，我们现在大多数人都还在耕田，还在工厂上工。今天你会当工程师，我会来当老师，是因为机械取代了大多数劳动力的工作，而我们成了白领阶层的知识工作者。

这一波的革命叫作人工智能，人工智能取代的就是知识工作者的判断。于是人们就跟过去农夫担忧的一样，说："机器人要来了，我们要失业了！"但是，从另一个角度来看，每次新科技出现，创造出的职业都比消失的职业多很多。你看，有了机械以后，就开始有电机工程师、机械工程师、软件工程师、网络工程师，这些工作都是农夫时代不存在的。那么，有了AI之后呢？现有的工作的确会消失，但也会出现现在还不存在的职业。

现在还不存在的职业，到底是什么职业？从推理的角度来看，**机械取代的是体力，AI取代的是判断。如果人有灵、魂、体的话，机械取代的是"体"，AI取代的是"魂"，那么无法被取代的就是"灵"**。创新工场董事长李开复说："当AI解决了很多'人'的工作之后，人就要开始做'有爱的服务业'。"

有爱的服务业跟五新有什么关系？五新要达到的是C2B，这个新文明和新社会是根基于互联网的庞大社群，未来人类的力量不在于体力，也不在于判断，而在于谁能够运营这个庞大的社群。**要运营这个庞大的社群就要有爱，要有互动，要有同理心，要有消费者体验，这些其实都是爱的服务业的范畴，让人与人之间互信，让人与人之间更容易合作**。人际互动的社会资本越来越重要，管理社会资本的，不是靠体，也不是靠魂，而是靠灵。

未来，或许就像科技趋势思想家KK（Kevin Kelly）所说："没办法预测，但轨迹非常清楚。"这个轨迹是，未来越来越多的体力跟判断的事情将被取代，但是科技永远无法取代人与人之间的互动。未来的商业文明将从社会资本中产生生产力，在个人化大数据使得人们的信用变得更透明的情况下，要维系社会资本，诚信、爱、同理心就都会变得非常重要。所谓的资本，就是有投入产出的概念，未来的产出都是根基于你在互联网上的诚信行为和个人魅力，这也会形成后AI时代很重要的经济增长数值。

同时，我们也预估C2B时代应该会是女性的天下。因为在狩猎、农耕为主的时代，需要的是男性的体力，到了工业时代需要的是男性的体力和逻辑，所以都是男性主导整个社会。到了后天的新商业文明，新能源和新技术取代了体力和逻辑性判断，至于无法被取代的同理心、沟通能力、忍受痛苦的能力等，都是女性的特质。所以我们预估，在后AI时代，女性对整个社会的影响力会越来越大。

不是生产商品，而是生产数据

我们从本书一开始就提到，要学习从后天看明天。如果后天的新能源是数据，产业便要养成一个习惯。我们不只是做产品，而是要在所有C2B的新零售、新制造、新金融中，创造出数据。这些数据，才是未来我们能够胜出的竞争力。如果现在还在做大家都知道的事情，别人做新零售O2O，你也来做O2O；别人做工业4.0，你也来做工业4.0；别人做金融科技，你也做金融科技，那你永远摆脱不了比价的命运。如果可以从今天、明天开始去创造数据，而且这些数据的数量可以比蚂蚁还要多，那么在美好的后天来临之前，你就可以占据一席之地。数据为王，你在做所有事情之前都要想到数据，要有数据化的考量。

李开复认为，在后AI时代小平台没有机会，所有的网络数据会被包括谷歌、脸书等七大黑洞吃掉。配合马云说过的话："能够扳倒狮子的是一群蚂蚁。"那七大黑洞就是狮子，小平台的确没有机会去成为狮子，但可以做一群蚂蚁。我们举过加装棋盘式传感器，可感知臀部施力点的汽车坐垫的例子。如果把棋盘式传感器放在地板下方呢？老年人在家摔跤了，传感器马上就知道，另外还可以由老年人走路的轻重测知他的健康状况。本来地板是没有数据的，但是加装了传感器之后，地板就开始有数据；有了数据，就可以进行AI的设计。

数据，就是新能源。谷歌、脸书等狮子，等于是全世界帮他们创造能源，而蚂蚁则要有自己创造新能源的能力，才有办法和狮子对抗。马云曾说："非洲草原上只有饿死的大象和狮子，没有饿死的蚂蚁。"**中小企业必须开始养成一种能力，要在没有数据的地方创造出数据。当这种创造出的数据多如蚂蚁时，中小企业就有机会在新时代存活下来，甚至打败狮子。**

你有没有发展AI的机会呢？当然有，因为机会是创造出来的，关键在于蚂蚁的数量，以及C2B时代的大战略。

天下有三种人，第一种人Make things happen（促使事情发生）；第二种人Watch things happen（看着事情发生）；第三种人是等事情发生后，问道"What happened?"（询问发生了什么事）。

由衷地希望，在美好的后天来临之前，我们都不是第三种人。

图书在版编目(CIP)数据

C2B逆商业时代：一次搞懂新零售、新制造、新金融、新技术、新能源 / 卢希鹏著；商业周刊组编. -- 北京：北京联合出版公司, 2019.7

ISBN 978-7-5596-3162-6

Ⅰ. ①C… Ⅱ. ①卢… ②商… Ⅲ. ①商业史—世界—现代 Ⅳ. ①F731

中国版本图书馆CIP数据核字(2019)第070891号

C2B逆商业时代：一次搞懂新零售、新制造、新金融、新技术、新能源

卢希鹏 著　商业周刊 组编

策划统筹：张雅妮
责任编辑：牛炜征
书籍装帧：网智时代

出　　版：北京联合出版公司
（北京市西城区德外大街83号楼9层 100088）
发　　行：北京联合天畅文化传播公司
经　　售：新华书店经销
印　　刷：北京美图印务有限公司

开　　本：787mm×1092mm　1/32
印　　张：8.5
字　　数：180千
版　　次：2019年7月第1版 2019年7月第1次印刷
书　　号：978-7-5596-3162-6
定　　价：49.80元

版权所有©卢希鹏、商业周刊
本书版权经由台湾商业周刊授权北京玉兔文化传媒有限公司
简体中文版权
委任安伯文化事业有限公司代理授权
非经书面同意，不得以任何形式任意复制、转载

本书若有质量问题，请与本公司图书销售中心联系调换。
电话：（010）64258472-800